UM FANTASMA DE PESO

Edição e distribuição:

Caixa Postal 1820 – CEP 13360-000 – Capivari-SP
Fone/fax: (0xx19) 3491-7000 / 3491-5603
E-mail: pedido@editoraeme.com.br
Site: www.editoraeme.com.br

Solicite nosso catálogo completo com mais de 300 títulos.

*Não encontrando os livros da EME na livraria de sua preferência,
solicite o endereço de nosso distribuidor mais próximo de você
através do fone/fax ou e-mail acima.*

Lia Márcia Machado

UM FANTASMA DE PESO

Capivari-SP
— 2005 –

Um Fantasma de Peso
Lia Márcia Machado
4.ª edição – maio/2005 – Do 7.501 ao 9.500 exemplares

Capa:
Nori Figueiredo

Diagramação:
Editora EME

Revisão gramatical e doutrinária:
Neyde Schneider
Hilda F. Nami

-------------------- *Ficha Catalográfica* --------------------

Machado, Lia Márcia.
Um fantasma de peso, Lia Márcia Machado,
(1.ª edição, novembro/2004), 4.ª edição, maio/2005,
Editora EME, Capivari-SP.
224 p.
1 - Espiritismo e Adolescência
2 - Romance – Família, Juventude, Comunicação com os Espíritos

CDD 133.9

DEDICATÓRIA

*Dedico este livro, meu primeiro ensaio como escritora, ao meu querido e amado esposo, **Reinaldo Machado**, companheiro fiel, de altruísmo inegável e elo importantíssimo em minha evolução espiritual, que, trilhando a meu lado muitas vezes caminhos não tão suaves, tem feito de meus dias uma razão a mais para realmente ter encontrado a felicidade neste plano material. Peço a Deus que sempre o ilumine em sua jornada, retribuindo com bênçãos todo o bem e o amor que a mim e aos nossos filhos tem dedicado.*

Lia Márcia Machado
Tijucas do Sul, 2 de dezembro de 2002.

ÍNDICE

Algumas considerações 9

1 - Constrangimento no jantar 11
2 - A voz da experiência 17
3 - Férias diferentes 30
4 - O dia-a-dia da fazenda 44
5 - O vulto entre as árvores 58
6 - Visita ao compadre 67
7 - Fantasma? 81
8 - O amigo Nestor 95
9 - Conversa sobre fantasmas 105
10 - Momentos de reflexão 120
11 - Explorando o sótão 136
12 - Pescaria 149
13 - Visitas participam do Culto do Evangelho 154
14 - O fantasma desajeitado 164
15 - Desvendando o mistério da carta 169
16 - Será o Carqueja? 183
17 - O tio-fantasma esclarece 197

18 - Convite ao trabalho voluntário 211
19 - Ah! O amor!... 216
20 - O retorno com acréscimo na
      bagagem espiritual 222

N.E. – No texto da orelha da capa, de autoria da professora e médium
Zélia Carneiro Baruffi constou, equivocadamente, a cidade de Curitiba,
que pertence ao estado do Paraná, como sendo do estado de São Paulo.

ALGUMAS CONSIDERAÇÕES

Sempre que alguém se predispõe à leitura de umlivro, seja ele de caráter religioso ou não, algum objetivo tem em mente.

Para alguns, o prazer pela leitura já está incorporado em sua rotina de vida, já se tornou um hábito saudável, do qual não conseguem mais abrir mão, e devoram páginas e mais páginas por puro prazer e/ou conhecimentos.

Outros, vez por outra, folheiam esporadicamente algumas páginas literárias, sem que com isso se tornem leitores assíduos; e há ainda os que simplesmente abominam a leitura, abolindo-a definitivamente de seus planos presentes ou futuros.

No que tange ao estudo da Doutrina Espírita, principalmente em relação à nossa juventude, para a qual mesmo a leitura das esplêndidas obras lançadas ao longo dos séculos por renomados escritores já vem se tornando algo distante, há inúmeros outros atrativos que a rodeiam afastando-a dessa prática.

Percebendo a dificuldade que muitos pais encontram para iniciar seus filhos, ainda pequenos ou adolescentes, no estudo metódico da Doutrina Espírita, buscamos, através desta obra – escrita de maneira leve e divertida –, despertar a curiosidade e o gosto pela leitura.

O objetivo maior ao qual nos propusemos não é outro senão buscar a união familiar ao redor de um livro simples, de palavreado corriqueiro, mas que traga nas entrelinhas a essência da Doutrina Espírita, cujos conteúdos deverão ser explorados ao máximo pelos pais, para a germinação do interesse pessoal dos jovens por leitura mais sofisticada.

Nossa orientação, nesse sentido, é que **Um Fantasma de Peso** seja lido em conjunto, isto é, que a família, pai, mãe e filhos se reúnam um ou dois dias na semana e que, após a leitura de algumas páginas, o conteúdo seja amplamente discutido e analisado por todos, deixando sempre para a próxima reunião a leitura dos novos acontecimentos.

Um Fantasma de Peso não promete mudanças radicais no relacionamento entre pais e filhos – pois estas não se fazem do dia para a noite –, mas se propõe a auxiliar os jovens pais que, muitas vezes sem outros recursos, buscam uma maneira amena para despertar seus filhos para as necessidades urgentes do espírito.

Por experiência própria sabemos, eu e meu esposo, o quão difícil foi reunir os filhos para o culto semanal no lar; por esse motivo, adotamos a leitura de pequenas histórias repletas de bons conteúdos como nossa aliada nessa tarefa tão importante. Hoje, já despertos para a importância do alimento da alma, seguem seus caminhos mais seguros e confiantes.

Não importa a maneira como o culto será feito ou que nome seja dado a ele. Os resultados dessa reunião e união familiar descontraída, sem cobranças e comparações, é o que realmente contará no futuro de nossos jovens.

Que os meus e os seus objetivos sejam atendidos com essa publicação é o que sinceramente rogo ao Pai.

A autora

CONSTRANGIMENTO NO JANTAR

Encostada no batente da enorme porta que dividia a sala de jantar da sala de estar, Maria Clara, uma jovem senhora de seus trinta e cinco anos, cabelos negros, corpo esguio e olhar tristonho, observava os filhos, que, totalmente alheios ao que se passava à sua volta, não a ouviram chamar pela sexta vez para o jantar.

Seus olhos maternos denotavam um quê de intensa preocupação quanto àquela situação, visto que tirá-los da frente do vídeo game não tinha sido tarefa das mais fáceis nos últimos dias. Era preciso muita coragem e uma infinita paciência, para enfrentar essa rotina diária.

Risos e gritos de satisfação, a cada acerto ou erro do companheiro, ecoavam pela sala. Com os olhos fixos na tela de vinte e nove polegadas, os dois meninos pareciam hipnotizados sem que percebessem a presença da mãe. *Meu Deus!* – pensou ela – *Como é difícil vê-los crescer e se afastar de nós a cada dia que passa. Ainda ontem estavam grudados em minha saia. Agora... agora eu é que corro atrás deles e de seus interesses, isso se eu ainda quiser um pouco de atenção pelo menos!*

Suspirou profundamente como que procurando no

fundo do coração um consolo. Contou até dez e fez nova tentativa com calma.

— Meninos! Meninos! O jantar está na mesa, esfriando! Vamos! Desliguem o jogo e venham jantar!

Percebendo então, que o tom de voz não fora o adequado para aquela situação, gritou:

— Não estou mais pedindo, estou dando uma ordem, entenderam?

Em seguida esticou o pescoço em direção à escada que levava ao andar superior e berrou:

— Desça para jantar, Lívia! – esperou alguns segundos, que para a sua impaciência pareceram uma eternidade e, enchendo os pulmões novamente, desta vez gritou: – Desça agora! Eu disse, desça já...

Percebendo a irritação da mãe, os meninos entreolharam-se com caras de pouca vontade e bocas torcidas.

Desligaram o aparelho contrariados, mas não sem antes deixá-lo preparado para retornar ao jogo mais tarde.

— Vamos! Ande seu molóide! Desligue já isso aí senão ela vai surtar – disse Lelinho ao irmão. – Você não conhece a "peça"?

— Surtar é apelido, ela vai degringolar mesmo! Por que toda mãe tem que ser assim? – perguntou o pequeno, desanimado. – No melhor do jogo ela tem que aparecer para estragar tudo! Sabe – disse revoltado com tudo aquilo –, não vejo a hora de crescer e me mandar daqui, caramba!

— Sei lá! Deve ser porque não vê graça em mais nada. – respondeu Lelinho dando de ombros. – Vamos! Ande! – disse empurrando o irmão.

Em poucos minutos todos já estavam sentados ao redor da pequena mesa da sala de jantar, extremamente comportados como se nada demais houvesse acontecido.

Paulo, o pai, sentado à cabeceira da mesa, servia-se da salada de alface. Era um homem alto, cabelos escuros, sempre bem aparados, corpo "quase" atlético, não fosse uma barriguinha que denotava sua aversão a exercícios físicos, e com o olhar um tanto cansado.

André, o caçula, porque só comesse batatas fritas, era um menino robusto e sorridente. Seus olhos muito vivos e claros pareciam captar todas as coisas ao seu redor. O irmão mais velho era seu ídolo. Maria Clara sentia-se satisfeita com o interesse do filho em aprender coisas novas. Estava sempre a perguntar o porquê de tudo.

Marcelo ao contrário do irmão era mais fechado. Quase não falava de si e também não era de perguntar nada. Alienado, perambulava pela casa como um alienígena. Seus interesses estavam quase sempre voltados a novos jogos e novas táticas. Para se extrair um pensamento seu era preciso usar um saca-rolhas, como seu pai sempre dizia. Era um jovenzinho de 14 anos, entrando na fase talvez mais difícil de sua vida. Lívia, a filha mais velha, era uma bela jovem de 16 anos, cabelos longos, roupas "de marca" e a um passo do "vamos ficar", como todas as suas amigas adolescentes. Roberta, sua amiga mais chegada, alguns anos mais velha e totalmente fora daquele contexto familiar, era o espelho no qual a jovem refletia sua imagem. Relutante com quase todos os conselhos da mãe, julgava-se detentora de todas as verdades e odiava tudo aquilo que dissesse respeito ao envolvimento familiar. Tinha o corpo esguio e... não largava do telefone, é claro.

Em dado momento, Paulo, quase sempre ausente dos problemas domiciliares, perguntou:

— E aí, vamos à casa de seus pais depois do jantar?

– disse virando-se para a esposa. – Encontrei-os hoje à tarde e nos convidaram para a reunião semanal, aquela que eles fazem... sabe... o culto no lar. Não é? – indagou à esposa.

— É – respondeu Maria Clara. – Minha mãe faz o culto no lar desde que eu era do tamanho do Andrezinho, ou... quem sabe talvez menor ainda, não me lembro ao certo.

— Como é, vamos ou não? – inquiriu ele.

Antes que a mãe pudesse responder qualquer coisa ou esboçar alguma reação, as crianças se adiantaram em resmungos e lamentações.

— Pelo amor de Deus! Eu não quero ir! – disse Lívia. – Gosto da vovó, mas... rezar não! Clarice vai me ligar e... hoje eu não posso, não posso mesmo! – disse empurrando o prato com ar de desdém.

— Eu também não! Parei o jogo na fase mais legal – apelou Lelo, quase que suplicando à mãe que o salvasse de tamanha desgraça.

— Acho que eu também não quero ir, mamãe – disse Dezinho. – Prefiro ficar com Lelinho.

Maria Clara olhou para o esposo desanimada com aquela demonstração dos filhos. O que sentia naquele momento era um misto de tristeza e revolta. Suas faces enrubesceram e seu olhar cravou em Paulo como a pedir providências.

Paulo, percebendo o desapontamento da esposa, fez sinal para que os filhos se calassem e esperassem a decisão da mãe.

Os três, ansiosos, pregaram os olhos nela, como se da sua resposta dependessem suas vidas.

— Tudo bem! – disse por fim percebendo que de nada adiantaria carregá-los à força. – Podem ficar. Leôncia cuidará para que vocês não aprontem nada – disse dirigindo-se para a empregada, que acabara de entrar na sala para recolher os pratos.

— Podem ir sossegados. Eu cuido deles – disse uma senhora simpática, de mais ao menos uns cinqüenta anos de idade, vestida com um uniforme impecavelmente engomado. – Não se preocupem com nada.

Um grande alívio foi sentido por todos os jovens, que saíram correndo da mesa e cada qual para seu destino. Assim que se viu só com o esposo, Maria Clara desabafou:

— Vai ser muito bom ir até lá hoje, Paulo – disse Maria Clara. – Você viu só a reação deles quanto a ir à casa de mamãe para as orações? Não sei mais o que fazer! Ando preocupada com a distância que está se criando entre nós e as crianças. Hoje mesmo você viu como foi difícil arrancá-los do jogo. Lívia... – disse desanimada. – Essa não sai do telefone e da frente do espelho, é claro! Quase todos os conselhos que tento dar a ela, com relação a essa ociosidade em que vive, sequer são ouvidos. Para tudo tem uma resposta na ponta da língua! Às vezes me sinto uma espécie de múmia empoeirada e ultrapassada andando pela casa, da qual todos correm quilômetros de medo! Que fase complicada é essa, da adolescência! Confesso que tenho vontade de largar tudo, deixar as coisas caminharem como Deus quiser! Estou cansada, frustrada, e o que é ainda pior – fechando os olhos por alguns segundos, disse – hoje eu compreendo quanto trabalho também eu dei a meus pais, sem nem mesmo perceber o quanto isso incomoda e desgasta! Me sinto um trapo! O que vai ser dessas crianças? Me diga, Paulo? – perguntou irritada, com a aparente calma do esposo.

Percebendo a crescente preocupação da esposa,

Paulo acrescentou, enquanto apanhava seu casaco de cima de uma poltrona:

— Vamos! Anime-se! Seus pais conseguiram, tanta gente conseguiu, por que nós também não conseguiremos passar por isso tudo? Não somos relapsos, não nos descuidamos de nenhum detalhe quanto ao que necessitam... Isso tudo passa! Você vai ver! Agora, apresse-se senão...

A VOZ DA EXPERIÊNCIA

A casa de dona Carmem e doutor Luiz era bastante acolhedora. Um amplo jardim a separava da rua movimentada. Logo à entrada ficava o consultório dele.

O pai de Maria Clara era dentista aposentado e, como ele mesmo dizia, para não deixar criar teias nos neurônios, continuava atendendo antigos pacientes em sua residência, vez por outra. Montara então um pequeno mas sofisticado consultório odontológico onde antes era a biblioteca de sua casa.

Dona Carmem havia adorado essa idéia. Agora poderiam estar juntos o tempo todo, sem deixar que a ociosidade e a rotina minasse a convivência de ambos.

Haviam criado os filhos, plantado e colhido os frutos das sementes lançadas no terreno de suas almas e sentiam-se imensamente felizes com o resultado de seus esforços.

Assim que ouviram a campainha, deduziram ser a filha chegando com o esposo e os filhos.

— Eles vieram! – disse doutor Luiz. – Eles vieram!

— Que bom! – falou dona Carmem satisfeita. – Faz muito tempo que as crianças não participam de nossas reuniões. Vamos! Abra logo essa porta meu querido! –

disse ela sorridente.

Maria Clara e Paulo entraram distribuindo beijos e abraços calorosos aos anciãos.

— Não, papai – respondeu ela tristemente, quando ele lhe perguntou pelas crianças. – Eles não quiseram vir, quando souberam que haveria reunião de leitura hoje. Tenho me sentido perdida com relação à educação espiritual deles. Não queria dizer nada a esse respeito, afinal nossos problemas com as crianças só iriam deixá-los preocupados, mas já não estou mais suportando isso tudo sozinha. Me desculpem... – pediu tristemente. – Estou realmente cansada! – disse jogando-se na poltrona.

Dona Carmem se acercou da filha dizendo:

— Ora, ora, ora! O que é que está acontecendo querida? Problemas são coisas a serem resolvidas *em família* – disse decidida. – Se fosse para cada qual lutar sozinho nesta terra, Deus não teria colocado tanta gente junto dentro de uma mesma casa, não acha? – disse rindo.

— Vamos lá minha filha! Estamos aqui para ouvi-los – disse doutor Luiz – confiem-nos seus problemas e quem sabe, juntos, possamos resolvê-los, ou pelo menos tentar resolvê-los, não acham?

Maria Clara olhou para o esposo, fez uma longa pausa contendo uma lágrima e depois continuou:

— Não sei o que fazer, papai. Não consigo que eles me ouçam mais. Paulo diz ser normal, que é apenas uma fase, a famosa fase da adolescência, mas sinto que é justamente agora que precisamos nos aproximar ainda mais de nossos filhos e não estamos conseguindo. Não, realmente! Fogem de mim e de Paulo também, como o diabo foge da cruz, cada vez que ensaio uma conversa mais madura, um conselho, alguma coisa além de comprar e gastar! – disse extremamente desanimada.

Paulo que se sentara ao lado do sogro, olhou fundo nos olhos de Maria Clara e pôde sentir a tristeza que havia neles.

— Maria Clara tem alguma razão sim meu sogro – disse Paulo –, no entanto, não vejo o que está ocorrendo com as crianças como um irremediável afastamento, mas algo apenas temporário. Os interesses na idade em que estão são outros e, sentar-se ao redor de uma mesa para a leitura do Evangelho, não é exatamente o que os atrai agora – concluiu rindo.

Dona Carmem, que se mantivera calada e atenta à conversa, interveio:

— Sei muito bem do que estão falando, meus filhos. Passamos pelas mesmas preocupações, eu e seu pai. – disse dirigindo-se à filha. – Quando você e seu irmão eram ainda jovens e cheios de inquietante energia, também não era fácil persuadi-los a esse tipo de reunião. O que ouvíamos sempre era um "não podemos hoje", um "não gosto disso", "para que rezar", "hoje não" e muitas outras desculpas bem esfarrapadas, lembra-se?

— É, não foi fácil mesmo! – disse doutor Luiz, revivendo na memória as preocupações daquela época. – Eu e sua mãe tínhamos no coração a mesma apreensão que sinto hoje em vocês. Isso é normal e... digo mais: saudável!

Maria Clara balançou a cabeça desconsoladamente.

— Hoje, papai, parece que as coisas estão mais difíceis do que no tempo de vocês. São tantas as opções de lazer que cercam nossos filhos, que falar de Jesus e de seus ensinamentos ficou perdido entre o *shopping* e a danceteria – disse com um sorriso triste.

— Eu que o diga! – suspirou Paulo. – Sexta e sábado à noite eu não consigo parar sossegado em casa! Passo parte das noites levando Lívia para lá e para cá. Logo

logo Lelo também vai começar a querer sair à noite com os amigos. No meu tempo, os pais não precisavam se preocupar com essas saídas noturnas. Eu e meus amigos podíamos andar pelas ruas altas horas da noite, sem sequer nos preocuparmos com assaltos ou seqüestro. Mas hoje em dia, nem pensar! – desabafou ele. – Pelo menos levando e buscando, sei onde e com quem estão e o que estão fazendo! Posso pelo menos dormir sossegado – falou categórico.

Os sogros se entreolharam desconfiados.

Doutor Luiz, apreensivo com a colocação um tanto imatura do genro, interveio imediatamente:

— Engano seu, meu jovem, engano seu! Não podemos nos contentar apenas em saber onde nossos filhos vão, quando saem do convívio do lar para se divertir – afirmou.

Paulo, sobressaltado com a energia imposta pela voz firme e segura do sogro, remexeu-se na poltrona, como um menino que acaba de ser repreendido faz instintivamente.

— É certo que não podemos prendê-los à barra de nossas calças para sempre e nem tolher a liberdade dos jovens, mas daí a julgar que apenas sabendo onde nossos filhos estão poderemos dormir sossegados... não sei não! – rematou o sogro.

Maria Clara e Paulo entreolharam-se preocupados.

O doutor Luiz, percebendo o impacto que sua reação causara na filha e no genro, continuou:

— É preciso sim – disse com sua veemência habitual – que os jovens se reúnam com os amigos, que compartilhem novas amizades, que busquem seus horizontes, mas para que possamos realmente dormir tranqüilos enquanto isso acontece, meus filhos, é necessário que a semente da responsabilidade tenha sido plantada em seus espíritos: e mais, que esteja começando a germinar, caso contrário...

Maria Clara interrompeu o pai abruptamente.

—Como agir então, papai? – perguntou ela contrariada. – Proibi-los de sair seria o mesmo que jogar um vidro de álcool no fogo já aceso! Todos os jovens dessa idade saem, vão a danceterias e barzinhos. Como poderemos contrariar tudo isso sem mais nem menos e sem que se revoltem ainda mais? Talvez tenha sido mais fácil no seu tempo, quero dizer, em outra época, o senhor me entende, não é? Quando éramos jovens, eu e o Maurício, parece–me que era mais fácil criar os filhos, hoje... bem, hoje tudo está aí, ao alcance deles – concluiu um tanto irritada com a sutil repreensão do pai.

Doutor Luiz fez uma longa pausa e depois, olhando carinhosamente nos olhos da filha, continuou:

— Para tudo, minha filha, existe a hora certa. Não se dá liberdade excessiva a um bebê que mal sabe trocar os primeiros passos, pois suas perninhas ainda não estão prontas para isso. É preciso que a mão materna ou paterna esteja sempre a seu alcance, para que não caia e se machuque gravemente – disse sorvendo um bom gole do cafezinho que a esposa servira. – Depois, quando seu caminhar se torna mais firme e seguro, soltamos gradativamente suas mãos e deixamos que explorem o mundo ao redor e sempre sob nossos olhares. Os tempos, minha filha, é claro, mudaram, mas os perigos que desviam nossos filhos do bom caminho, esses continuam os mesmos. E quer saber quais são? – indagou ele.

— Claro! – respondeu Maria Clara. – Claro, papai!

— Um deles é a falta de diálogo! – disse pesaroso. – Isso faltava no tempo de meus pais, no meu tempo e de sua mãe, no seu tempo e falta agora no tempo de seus filhos. O que falta a essa juventude é o mesmo que faltou na época de todos nós. O diálogo! Felizes daqueles que conseguem perceber o quanto é importante ouvir e ser ouvido realmente.

Dona Carmem sorriu para o esposo concordando com a cabeça.

— As palavras ditas no momento apropriado –, falou brandamente o pai –, são pequenas sementes que plantamos diariamente, no solo fértil do espírito de nossos filhos e que ficam lá, à espera, para que no momento certo sejam resgatadas em benefício deles mesmos. Não precisamos marcar hora e dia para dialogar com nossos filhos, nem mesmo nos sentar, como estamos fazendo agora, para conversar, por exemplo. Dialogar é aproveitar todos os momentos juntos, quer na sala, quer no quarto, na cozinha ou até mesmo no banheiro. Para se fazer conhecer e conhecer o outro, não é preciso cerimônia, minha filha! Enquanto escova seus dentes, penteia seus cabelos, procure saber mais a respeito deles, de como será o dia deles e conte rapidamente como será o seu também. Isso é diálogo. Sabiam? – disse olhando para os dois. – Perguntem, como quem não quer nada, como vai aquele amigo ou aquela amiga de seus filhos, digam que gostariam de vê-los com mais freqüência em sua casa ou coisa assim. Conte um sonho que teve ou algo parecido! Usem da imaginação para se achegar aos filhos, caramba! Não podem desistir e entregar os pontos assim tão facilmente! – disse gargalhando muito.

Com os olhos fixos no sogro, Paulo sorvia atento as suas palavras. Admirava doutor Luiz pela meiguice no dar pequenos puxões de orelha sempre que necessários.

— Mas há que cuidar também da alma – disse ele

erguendo-se por instantes do sofá e dirigindo-se até a estante. Apanhou de lá o *Evangelho Segundo o Espiritismo* e, batendo de leve em sua grossa capa, disse: – Há que cuidar dos valores da alma humana, para que também ela cresça forte e sadia. E essa, meus jovens, essa é a tarefa mais difícil e a mais importante na criação dos filhos, embora, todos saibamos, não é tão atrativa quanto um final de semana com os amigos. Não é mesmo? Mas de nada adiantarão nossos esforços na formação da cultura ou da estrutura física dos filhos, se não fortalecermos o seu interior, se não lhes dermos bases sólidas para enfrentar o mundo realmente sozinhos, mais tarde. Quando há falta de diálogo e, por conseguinte, falta de orientação espiritual, meus filhos – disse pausadamente – na realidade está faltando tudo na vida de nossos filhos.

E, dirigindo-se para o genro, que inquieto absorvia o sermão do sogro, continuou:

— Saber onde nossos filhos estão, Paulo, não é o suficiente para que possamos dormir tranqüilos, isso não é mesmo! Uma parte de nós deverá estar ao lado deles, fazendo-se presente o tempo todo. Essa parte, a parte que os acompanhará onde quer que estejam, é o nosso exemplo, a nossa palavra, o amor e o tempo que tivermos despendido em **diálogo** – frisou ele. – De nós, dependerá em grande parte a felicidade ou a tristeza que veremos nos olhos deles futuramente. Serão nossos atos e as palavras que dissermos na hora certa, no momento exato, os que ecoarão para sempre nos seus ouvidos nas horas de dificuldades. Somos responsáveis pelas almas que colocamos no mundo, temos o compromisso de orientá-las. Se falharmos como pais e mães, conscientemente, haveremos de prestar contas a nós mesmos e cobrarmos com lágrimas de sofrimento os nossos descuidos.

Emocionada com as palavras sábias do pai, Maria

Clara ouvia com os ouvidos da alma e relembrava o quanto havia sido amada e respeitada, quando ainda na companhia dele e da mãe. Atritos, sim, houve em sua juventude, mas houvera acima de tudo o respeito e paciência por parte dos pais. Não se recordava de nenhum momento mais grave em sua educação. – *Sim –* pensava ela – *papai tem razão! Sempre houve diálogo entre nós. Havia sempre uma palavra solta bailando em nossas mentes, orientando-nos mesmo à distância. Tínhamos a impressão até de que mamãe sempre estava ao nosso lado... parecia até que Maurício e eu ouvíamos a voz dela, de vez em quando!*

— Somos a base de tudo para eles. Somos o exemplo de vida a seguir. Nossos filhos não são páginas em branco nas quais escrevemos o que desejamos e pronto, mas sim almas na maioria das vezes devedoras, rebeldes, difíceis, que nos são entregues para que as reconduzamos ao verdadeiro caminho da paz e da felicidade. Em nossas mãos, Deus depositou em confiança almas esperançosas de resgate e vitória futura. Nosso comprometimento com os filhos não se dá apenas a partir de seu nascimento, vocês bem sabem disso. Vem de muito mais além, vem de vidas passadas e se cá aportam em nossos lares é, com certeza, com o nosso consentimento anterior.

Maria Clara apanhou um biscoito da bandeja e, mordiscando o delicioso amanteigado feito pela mãe, suspirou dizendo:

— Sabemos disso, papai, e é por esse motivo que nos preocupamos – disse como que se desculpando de sua agitação inicial. – Lívia já está uma mocinha e seus interesses não estão voltados a essas coisas. Não sei como chegar até ela. Acho que perdemos tempo precioso demais... Quando ainda pequenos, deixamos de lado a importância de uma boa escola de evangelização, fomos deixando para depois, para depois e por fim... permiti que se afastassem, ou melhor, não percebi o quanto estavam se distanciando. Agora, bem... Lívia vive colada ao telefone o dia todo com as amigas. Tenho medo de reprimi-la, de proibir mesmo e acabar piorando as coisas entre nós, que já não andam boas. Eu mesma já não estou tendo mais paciência. Começamos a conversar e... pronto, dois minutos depois já estamos discutindo, e discutindo por qualquer coisa, qualquer coisa mesmo! Sinto que tudo o que eles mais desejam é distância de mim. Muitas são as tardes em que choro, trancada no quarto, buscando solução, buscando uma luz para tudo isso, mas tudo o que tenho tentado termina em discussão...

— É, meu sogro, não está sendo fácil! Lelo não sai da frente da televisão. Maria Clara se queixa de que ele não participa de nada, que passa quase o dia todo às voltas com jogos de vídeo game mas, por outro lado, suas notas na escola não são más, muito pelo contrário, o que não justificaria também uma proibição mais rígida de sua diversão— disse Paulo como que se justificando perante o sogro.

Dona Carmem, que tinha os olhos perdidos entre as flores do tapete à sua frente, perguntou:

— E Dezinho? Ele também desperta esse tipo de preocupação?

Maria Clara fez que sim com a cabeça e depois continuou:

— Dezinho – disse ela –, embora a diferença de idade, acompanha Lelo o tempo todo. Até mesmo para comer é uma dificuldade tirá-lo dos jogos. Todos os dias aparecem com uma novidade sobre eles ou um jogo novo que saiu. Existe entre eles um diálogo do qual eu não faço parte. Luto contra uma indústria maquiavélica que afasta os filhos de suas famílias – disse ela desabafando. – Não se pode falar, não se pode interromper, não se pode distrair a atenção deles um só segundo que seja daquela bendita tela! Quando chego no limite de minha paciência, que já anda bem curta, diga-se de passagem, faço um escândalo e desligo tudo. Sabem o que acontece? Nada! Nada mesmo!— disse gesticulando. – Cada um vai para seu quarto e se fecham como se eu fosse um monstro destruidor de filhos! Preciso de ajuda, precisamos de ajuda! – falou como que pedindo socorro à experiência dos pais. Estamos perdendo nossos filhos!

Foi então que dona Carmem começou a falar.

— Querida, acalme-se, por favor! Isso tudo pode parecer o fim do mundo mas, confie em sua mãe, não é não! – disse a mãe. – Você tem sorte de não precisar sair de casa todos os dias para trabalhar, isso torna as coisas bem mais fáceis, acredite em mim! Sinto pena das mães que são obrigadas a deixar os filhos sob os cuidados de pessoas muitas vezes sem a consciência que você tem, querida. Vou lhe contar um segredo que talvez a ajude – disse ela como que cochichando –; sabe, quando você e seu irmão eram ainda pequenos, do tamanho de Dezinho ou talvez menores ainda, percebemos a mesma dificuldade que vocês estão enfrentando agora de reuni-los para as leituras do Evangelho conosco. Seu pai e eu percebemos que a simples leitura semanal não despertava interesse em vocês. Diríamos que era como uma obrigação que, na verdade, não estava nos levando a nada de útil, pois o objetivo que buscávamos não estava sendo atingido. Depois de muito pensar e trocar idéias, resolvemos suspender por algum tempo a obrigatoriedade da presença de vocês em nossa mesa de orações, contudo fizemos um trato que deveria ser levado a sério por ambas as partes, lembra-se? Fizemos um pacto de bem viver!

Maria Clara deu um salto na poltrona sentando-se mais perto da mãe.

— Sim, sim! Não precisaríamos assistir ao culto no lar mas teríamos que acompanhá-los aos passeios de domingo. Como eu tinha me esquecido disso? – falou eufórica.

— Pois é. Não eram meros passeios, recorda-se agora? – perguntou a senhora à filha que a ouvia atentamente.

— Claro, mamãe! Íamos visitar instituições de auxílio aos necessitados domingo sim, domingo não. Ficávamos impressionados com tudo o que víamos, muito embora não comentássemos nada com vocês, por orgulho mesmo. Confesso! Não queríamos dar o braço a torcer, como se diz – disse rindo.

— Então! – disse ela com um brilho intenso nos olhos. – Nas primeiras vezes vocês ficaram arredios, olhando meio assustados, meio encabulados, até mesmo altivos e arrogantes perante o que viam. Mas depois de algumas visitas passaram a questionar o porquê de tudo aquilo, daquele mundo tão diferente do que estavam acostumados e passaram a sentir carinho por aquelas pessoas. Nesses momentos em que éramos argüidos pela curiosidade que despertava em seus espíritos, eu e seu pai aproveitávamos para enriquecer o conhecimento de ambos com as palavras do Evangelho, vivificado ali. Não os obrigamos mais a fazer parte de nossas orações semanais, muito embora eu e seu pai, todas as terças-feiras, nos sentássemos, solitários, para as orações, lembra-se? Mas, para nosso espanto, em pouco menos de dois meses vocês estavam sentados ao nosso lado, só que, desta vez, realmente interessados em aprender mais sobre os destinos da alma humana na Terra.

O pensamento de Maria Clara voltou por instantes

à sua infância e viu-se entusiasmada arrumando a imensa mesa da sala de jantar para a reunião do culto. Sorriu com a lembrança querida.

— Usávamos as experiências reais de nossas visitas para trabalhar seus espíritos. Acredito piamente que Deus nos iluminou nessa decisão, pois tanto você como seu irmão nunca nos deram motivos para discordar disso. Não os forçamos a nada. Fizemos uma brilhante troca, pois passamos a ter a companhia de vocês em nossas visitas e vocês tiveram a oportunidade de escolher o que melhor lhes parecia no momento. Com essa atitude, não nos omitimos da educação espiritual de vocês e, ao mesmo tempo, lhes demos a oportunidade da escolha, pois ela teria que ser feita dentro do que eu e seu pai havíamos proposto para aquele difícil momento.

Maria Clara parecia rever mentalmente sua primeira visita ao orfanato da cidade. Nunca antes estivera em contato com crianças órfãs. Sentira medo, a princípio, pois vinham em bandos, pulando e abraçando sua mãe e seu pai, como se já os conhecessem há muito. Nunca conseguiu esquecer aquela cena. Sentiu medo de ficar órfã também, mas nada comentou com os pais quando lhe perguntaram se havia gostado da visita. Na verdade, mentira. Dissera a eles que as crianças eram mal vestidas e fedorentas para provocar a mãe e o pai. Essas lembranças fizeram com que lágrimas rolassem em seu rosto. Mas fora ali, naquele momento, que seu coração despertara do egoísmo que o corroía e começou a perceber um mundo diferente do seu.

— Pois bem! – disse dona Carmem – Que tal tentarmos alguma coisa similar com as crianças, que desperte nelas o interesse pela religião, pelo desprendimento material? Não há no mundo um coração, que em algum dia não seja tocado pela dor alheia.

— Bendita hora em que a convidei para vir aqui hoje, meu bem! – disse Paulo entusiasmado com a idéia da sogra.

— Carmem é sábia – falou sorrindo doutor Luiz, que se mantivera calado sorvendo as lembranças daqueles dias. – Nossos netos são jóias preciosas, as quais não podemos deixar que se percam em meio ao burburinho da juventude desnorteada. Há o problema das drogas, que hoje avança a passos largos. Inúmeras são as famílias que acordam tardiamente para esse problema. O diálogo franco e verdadeiro e uma base sólida, moral e espiritual, aliados à informação, são as únicas armas disponíveis para que possamos nos defender delas. Preocupo-me com a Lívia e o Lelo, pois a falta de interesse pelas coisas do espírito e o desentendimento entre vocês podem levar esses jovens a experimentar inocentemente prazeres utópicos – disse o avô visivelmente preocupado.

— Pensemos sobre o assunto, meus filhos – disse a senhora. – Deus nos orientará da melhor forma possível! – Agora vamos à sala para iniciar o nosso abençoado culto no lar.

Todos se levantaram mais esperançosos e se dirigiram para uma aconchegante sala, onde a mesa, anteriormente preparada com os livros e uma jarra de água, estava à espera deles.

De volta para casa naquela noite, Maria Clara sentia-se mais confiante. Ouvira as brilhantes explanações do Evangelho, que seu pai havia feito durante o culto. E seu coração parecia ter-se renovado na esperança de também atrair, e sem conflitos, seus queridos filhos para as necessidades do espírito.

FÉRIAS DIFERENTES

Em casa, encontrou-os ainda acordados e, aproveitando a oportunidade de vê-los reunidos na sala, disse com entusiasmo:

— Tivemos uma noite ótima em companhia de seus avós! Mandaram mil beijos a vocês. Vovó Carmem pediu que lhes dissesse que dentro de alguns dias, vocês terão uma bela surpresa! Não sei ao certo o que é, mas pelo que pude deduzir, deve ser algo emocionante.

Os jovens se entreolharam com sorrisos nos lábios.

— Ela não deu nenhuma dica, alguma pista, mamãe? – perguntou Lívia, afastando o telefone do ouvido. – Vou desligar Roberta, depois eu falo com você, parece que pintou novidade por aqui, – disse ela à amiga do outro lado da linha.

— Não, disse apenas que será inesquecível para todos nós! – falou a mãe aumentando ainda mais a curiosidade dos filhos. – Acho que tem alguma coisa a ver com as férias que estão se aproximando, – completou ela.

— Oba! Oba! – gritou Dezinho dando pulos no sofá – Será que ela vai nos levar para a praia com ela?

— Se for isso, mamãe, vou precisar ir ao shopping amanhã mesmo! – disse Lívia levantando-se ligeira do chão. Minhas roupas estão um lixo! Ultrapassadas! Um verdadeiro caos! Será que eu posso levar uma amiga também? Vou ligar para a Roberta, agora mesmo!

A mãe como que apagando o princípio de um incêndio prestes a tomar proporções arrasadoras, gritou:

— Ei! Calma! Espere aí, mocinha! Eu não disse nada a respeito de praia ou de qualquer outra coisa! Disse apenas que terão uma surpresa. Acho que devemos esperar para ver primeiro o que é. Não concordam?

Paulo, parado ao lado da esposa, observava a reação dos filhos com certa cautela e apreensão no olhar.

— Vamos, vamos! Todos para a cama. Já passou da hora de dormir! Amanhã cedo não quero ver ninguém resmungando para levantar – disse ele, apressando os filhos com as mãos.

Assim que as crianças se acomodaram e a casa mergulhou em silêncio, Paulo se dirigiu a esposa questionando-a sobre o que ela e a mãe haviam conversado a sós, pouco antes da saída da casa dos sogros.

— Mamãe teve uma idéia, meu querido! Espero que funcione! – disse ela baixinho. – Dentro de cinco dias as crianças entram de férias e ela sugeriu uma viagem diferente este ano. Estamos pensando em ficar alguns dias ou até mesmo algumas semanas na fazenda de tio Henrique. É um lugar magnífico não é? e... completamente isolado do resto do mundo. Não haverá vídeo games, telefones, televisão ou qualquer outro tipo de distração, a não ser conversar muito para passar o tempo à noite. O que você acha da idéia? Descansaremos do corre corre de todas as outras férias, estaremos em contato com a natureza e tentaremos nos aproximar de nossos filhos de uma maneira sutil e gostosa.

A idéia pareceu servir como uma luva para o esposo, que já andava cansado de praia e mais praia todos os anos.

— Excelente idéia, Maria Clara! Ando mesmo precisando de novos ares. Uma boa pescaria me fará bem! – disse já visualizando enormes peixes pendurados na sua vara de pescar. – Todas as nossas saídas têm sido sempre a mesma coisa. Carregar cadeiras e guarda-sol para cima e para baixo! – Depois, fazendo uma pausa perguntou: – E as crianças? Será que vão gostar dessa surpresa? Não acredito que queiram trocar de planos assim na última hora – disse, já imaginando seus peixes pulando de volta para a água.

Um calorão subiu pelo corpo da esposa enquanto imaginava a cara dos filhos, quando soubessem para onde iriam.

— Não sei, não sei... Mas não diremos nada por enquanto!— disse resoluta. – Vamos fazer de conta que não sabemos de nada! Se perguntarem, diremos que também não sabíamos. O que você acha? – e dando de ombros como se livrando do problema, disse: – Mamãe saberá como agir com eles.

A fisionomia de Paulo tornou a se iluminar. Sentia que precisava espairecer, cuidar um pouco de si também e aquele convite da sogra viera a calhar.

— Fará bem a todos nós –, disse Paulo. – Você mesma anda estressada com toda essa correria em que se transformou nossa vida. Não conseguimos relaxar nem mesmo nos finais de semana! – falou com o olhar perdido em pensamentos.

— Seria ótimo se tudo desse certo! – disse abraçando carinhosamente o esposo – Adoro o silêncio do campo.

E depois, lá não precisaremos nos preocupar em levar e buscar filhos para cima e para baixo como sempre fazemos! Vamos enfim poder curtir um pouco de privacidade! – falou olhando de modo maroto para o esposo.

— Deus te ouça! – disse ele animando-se com a idéia.

Os dias passaram rápidos. A curiosidade das crianças crescia mais e mais. Dona Carmem nada dissera aos netos e sempre que eles perguntavam, ela respondia:

— Não, não! Surpresa é surpresa! Só saberão quando chegarmos lá! Contenham essa curiosidade, crianças.

— Mas vovó, como vou saber que roupas levar? – suplicava Lívia agoniada com a possibilidade de se sentir fora do "contexto" como ela mesma dizia.

— Para onde vamos, não há necessidade de muita coisa, minha querida, basta umas calças jeans, umas camisetas , shorts e muita disposição! – respondia a avó rindo da preocupação da neta.

Enfim, é chegada a hora da partida.

Logo cedo, Maria Clara e Paulo, arrumaram as bagagens na caminhonete. Lá pelas dez horas, doutor Luiz e dona Carmem chegaram para se unir aos netos na tão esperada viagem.

O som da buzina do carro do avô, fez a molecada correr em sua direção.

— Prontos, meus amores? –, perguntou o avô enquanto distribuía beijos. – Então vamos!

A caravana partiu. A curiosidade aumentava a cada hora, a cada curva da estrada totalmente desconhecida por eles.

— Para onde estamos indo? – perguntavam a todo momento aos avós.

— Para um lugar maravilhoso! – respondia o ancião – Vocês não se esquecerão mais dessas férias, prometo!

Palavra de avô é palavra de avô!

Algum tempo depois, a caminhonete de Paulo enveredou por uma estrada de terra e foi logo seguida pelo carro de doutor Luiz. Atrás deles, uma enorme nuvem de poeira se formou encobrindo tudo.

— Estrada de terra e cheia de poeira? Para onde estamos indo, vovó? – perguntou assustada Lívia. – Meus cabelos vão ficar um horror! Feche a janela vovô. Pelo amor de Deus! – gritou ela abanando-se.

— Logo chegaremos ao nosso destino. Aprecie a paisagem minha querida. Esqueça os cabelos, que, para onde vamos, há muita água e sabão. Não se preocupe! – E, procurando não dar atenção aos resmungos da neta, disse: – Veja que beleza esses campos e estas plantações!

— Esta é boa! Ver como? Não consigo enxergar nada no meio da poeira!— disse Lelo que se mantivera calado até então.

— Eu estou vendo um cavalo! Olha lá, vovô é uma vaca. Não. São duas, três! Puxa! como é grande assim de perto!— gritou Dezinho enfiando o nariz na janela para ver melhor. – Até parece que estamos dentro de um filme de cowboy! – falava sem parar, enquanto puxava o braço do irmão para olhar também.

— Seu burro! – retrucou Lelo – Até parece que nunca viu uma vaca na sua vida. – Disse, fazendo de conta que já tinha visto uma de perto.

Os avós se entreolharam e sorriram, antecipando o sucesso desse passeio.

Uma hora e meia depois, pararam em frente a uma enorme porteira onde se lia em letras garrafais: *Fazenda Rio Alegre.*

— Chegamos! – disse a avó contente. – Estamos em casa!

Um peão, vestido como cowboy, veio abrir a pesada porteira, que rangeu dando passagem à pequena caravana.

Uma alameda de flores e árvores frondosas os levou até à sede da fazenda. No caminho cruzaram com éguas, potros e ovelhas pastando nos extensos piquetes que se perdiam de vista.

Os olhares curiosos dos jovens, não perdiam um detalhe sequer daquela maravilhosa paisagem ao redor, muito embora não estivessem totalmente certos de que iriam gostar daquela surpresa.

Paulo e Maria Clara estacionaram a caminhonete em frente à porta da casa da sede. Um moleque de uns quatorze anos mais ou menos, vestido de maneira simples e à moda do campo, veio ao encontro deles para ajudar com a bagagem.

Seu sorriso era de canto a canto e seus olhos muito claros, possuíam uma vivacidade incrível.

—Deixe que eu ajudo, doutor! – disse ele a Paulo, enquanto se abaixava e com um solavanco firme erguia na cabeça a pesada mala de couro de Maria Clara.

— Obrigado! – falou Paulo impressionado com a força do jovenzinho. – Puxa! Nem mesmo eu conseguiria erguer esse peso todo assim, num solavanco só! – falou baixinho no ouvido da esposa, que riu gostosamente da cara de espanto do marido.

Em seguida, doutor Luiz estacionou seu carro atrás da caminhonete. As crianças abriram imediatamente as portas e desceram correndo em direção aos pais.

— É aqui que vamos passar nossas férias? – perguntaram espantados com a surpresa.

E antes que pudessem começar a reclamar a astuta avó, disse:

36   Lia Márcia Machado

— Sim. Não é um lugar lindo? Soubemos escolher, não acham? – falou acariciando a mão de Dezinho.

— Eu gostei, eu gostei! – disse ele entusiasmado com tudo o que via.

— Parece legal.— respondeu Lelinho desanimado, mas não querendo decepcionar os avós. Será que tem televisão? Eu trouxe meu vídeo game, – perguntou à mãe, segurando com cuidado a mochila com o precioso aparelho.

Maria Clara desviando os olhos dos do filho, disfarçou:

— Não sei, meu filho. Depois a gente pergunta para o empregado, – disse desconversando.

Lívia percorreu os olhos pelo jardim à procura daquilo que julgava ser imprescindível naquele lugar.

— Será que tem piscina aqui? – Perguntou a jovem, olhando para a avó. – Quero me bronzear de fazer inveja! Quero só ver a cara da Roberta quando eu voltar pretinha dessas férias!

— Tem sim, meu amor, tem sim! – respondeu dona Carmem, acalmando a neta eufórica com a possibilidade de causar inveja à amiga. – Só não se esqueça de que estamos em pleno inverno, querida!

Em poucos minutos todos já estavam acomodados em seus aposentos. A casa era bastante confortável e ampla. Possuía enormes janelas que se abriam para uma varanda que circundava toda a construção, permitindo o acesso a ela de qualquer cômodo da casa. Fora construída por seu Henrique, irmão de dona Carmem, que lá vivera até a sua desencarnação, quatro anos atrás. Não tivera herdeiros. Após seu falecimento, a esposa sentindo-se só, mudara para a cidade. No entanto, conservava a fazenda sob o comando do capataz, seu Dionízio, pois ela lhe trazia, além de boas lembranças, o sustento de seus dias.

Dona Carmem, agora ali, olhando para aquela imensa sala decorada com capricho por sua cunhada, parecia sentir a presença querida do irmão a seu lado. Um calor gostoso invadiu-lhe o corpo, proporcionando uma estranha leveza. "Sim, – pensou ela – você está aqui, meu irmão. Vou precisar de sua ajuda, querido. Precisamos despertar alguns sentimentos que estão sendo sufocados..."

— Estamos com fome, vovó! – falou Dezinho despertando-a daquela inebriante sensação de bem-estar.

— Vamos todos para a cozinha, então! Tenho certeza de que Josefa já está com o almoço pronto e esperando por nós.

De fato, a antiga empregada da fazenda, tinha se esmerado nos quitutes. Uma farta mesa estava posta e aguardando os hóspedes.

— É comida do mato, dona Carmem, mas acho que tá boa. Fiz conforme dona Judite pediu por telefone. Ela disse para caprichá do jeitinho que o seu Henrique gostava, quando vinha gente prá cá. Ah! que tempo bom era aquele. A casa sempre lotada de gente da cidade...

— Obrigada, Josefa. O cheirinho está delicioso. Tudo parece estar saboroso demais – falou virando-se para os netos que riam baixinho do jeito e do modo de falar da cozinheira.

— Sentem-se crianças e não façam cerimônia. Saibam que tudo o que é feito aqui, vem da própria fazenda. Desde o leite até o arroz e feijão que vamos comer hoje.

— Onde estava, querida? – perguntou a avó à neta que acabara de entrar na cozinha.

— Desfazendo minhas malas, vovó! – disse um tanto contrariada. – A senhora não sabe o sacrifício que foi arrumar uma mala sem saber para onde iria. Trouxe coisas demais e coisas de menos. Enfim! – concluiu de cara amarrada – Que fazer não é? Só não entendi ainda por que não deixaram que eu trouxesse a Roberta. – disse Lívia com um quê de maldade nas palavras. – Aqui, pelo que vejo não vou ter absolutamente nada para fazer! Se pelo menos tivesse trazido alguém...

— Calma, querida! Você mal acabou de chegar e já está criticando este magnífico lugar! Tenho certeza de que achará alguma coisa para fazer, – disse a avó sem dar muita atenção aos resmungos da neta. – Ah! sim... – disse dona Carmem, dirigindo-se aos netos . Aqui na fazenda todos os visitantes têm uma norma a seguir – disse firme – Cada um é responsável pela limpeza e conservação de seus quartos! Josefa se encarregará apenas da limpeza do assoalho. Está claro? Não apanhará um sapato sequer que estiver jogado e... se o quarto estiver desarrumado, não fará a limpeza. Aconselho a vocês deixarem tudo muito em ordem, pois aqui temos aranhas, escorpiões e outros bichos que adoram sujeira, não é mesmo Josefa? – falou dando uma piscadinha discreta para a empregada.

— Só faltava essa, agora! Trabalhar feito escrava nas férias... – disse Lívia visivelmente transtornada com a possibilidade de ter que manter seu quarto em ordem.

— Eu vou cuidar das minhas coisas – disse Dezinho.

— Bem, eu não sou porco... Minhas coisas sempre estão em ordem! – respondeu Lelinho com altivez.

— Melhor assim! – disse a avó. Agora vamos comer!

Imediatamente sentaram-se e dispostos a provar um pouco de tudo o que lhes parecia bom.

Josefa havia preparado um gostoso prato de carne assada com batatas coradas, salada de pepinos fresquinhos, feijão, arroz e quirerinha salgada. Um pão caseiro recém saído do forno, deixava no ar um aroma irresistível. Como sobremesa, havia um enorme pote de iogurte com pedaços de cerejas, do qual Dezinho, não tirava os olhos.

Doutor Luiz , o genro e a filha chegaram um pouco mais tarde para o almoço, pois aproveitaram o restante da manhã para percorrer com o capataz os estábulos e as baias.

— Como tudo aqui é limpo e organizado, – disse Maria Clara à mãe – Havia me esquecido do quanto eu adorava vir para cá quando pequena. Parece que vemos a figura de tio Henrique e tia Judite em tudo aqui. Em cada árvore plantada, em cada flor espalhada pelo jardim. Sinto-me muito bem, estando aqui novamente. –disse abraçando a mãe, como uma criança que agradece um presente que acabou de receber. – Depois que as crianças nasceram nunca mais viemos para cá. A última vez que estive aqui, estava grávida da Lívia. Lembra-se?

— Parece que nossas energias são renovadas a cada instante. – falou Paulo chegando-se à esposa – Deve ser o ar do campo, livre de poluição. Não é?

— Com certeza também – disse ainda Paulo – é também o contato com a mãe natureza que nos deixa assim, animados, renovados, famintos!

Uma gostosa gargalhada se ouviu a seguir.

— Não deixemos a comida esperando! Vamos!, disse a filha rindo. Também estou "varada" de fome, como dizem por aqui. Vou esquecer a dieta e me fartar de tudo o que tenho direito. Não concordam?

Acompanhados de dona Carmem dirigiram-se para a cozinha alegremente.

A tarde transcorreu tranqüila. Os jovens, acompanhados do capataz, do pai, da mãe e do avô, percorreram de charrete uma boa parte das terras do falecido tio. Pararam por fim, exaustos, próximo a uma cachoeira para se refrescar do intenso calor que fazia.

— Tudo é maravilhoso aqui. – disse Paulo enxugando com o braço o suor que lhe banhava o rosto, agora de um tom bastante avermelhado – Já não lembrava mais do quanto me diverti, quando era mais jovem, cavalgando, pescando e tomando banho nessa cachoeira.

— O senhor papai? – perguntou Lívia com ar de zombaria – O senhor nunca disse que gostava de mato! Não gosta nem mesmo de andar a pé no parque!

— Esta para mim é nova. Papai tomando banho de cachoeira e de água gelada? – disse Lelo olhando com desconfiança para a irmã.

— Já fui moço também, o que vocês pensam? Já tive meus dias de glória! – disse rindo enquanto arrancava os sapatos e tirava a camisa que estava grudada ao corpo. – Querem ver como me lembro direitinho como se faz?

Dizendo isso, olhou para Maria Clara, piscou um olho, deu as mãos a ela e saíram em desabalada correria atirando-se no rio.

—Quem chegar por último é mulher do padre! – gritou antes de cair na água, puxando com ele a esposa que ria sem conseguir parar.

Imediatamente, Dezinho e Lelo o seguiram deixando um rastro de roupas pelo chão. Lívia, indecisa quanto a estragar a escova que havia feito nos cabelos e se divertir, não sabia se acompanhava os irmãos ou não. Mas a folia era tanta que ela, não resistindo mais, arrancou o tênis e atirou-se na água também. O impacto da água fria em seu corpo quente, fez com que soubesse que havia tomado a decisão correta. *Que os cabelos fiquem para depois* – pensou. – *E depois... aqui só tem matuto mesmo! Quem é que vai reparar?*

Doutor Luiz e o capataz riam da algazarra das crianças pulando e gritando dentro daquela água, extremamente gelada e ao mesmo tempo, deliciosa.

Sentados à sombra refrescante de uma enorme árvore, os dois homens conversaram por quase uma hora, relembrando o passado e colocando a conversa em dia, enquanto Paulo, a esposa e os filhos se divertiam deslizando por entre as pedras da cachoeira, dando saltos e mergulhos no lago.

Quando a tarde já ia caindo retornaram à casa. O exercício físico fez com que a fome falasse mais alto e não rejeitaram sequer a torta de espinafres que Josefa havia feito.

Após o jantar, quando só a luz do luar irradiava sua claridade por sobre os extensos campos da fazenda, dona Carmem falou:

— Venham. Vamos todos nos sentar aqui na varanda e ouvir o silêncio da noite. – disse ela .

— Ouvir o silêncio? A vovó deve estar com insolação, mãe! Ouvir o silêncio? – falou Lelo rindo da avó.

– Queremos saber onde colocaram a televisão nesta casa, isso sim! Já procurei por todos os cantos e não consegui encontrar nada parecido! Essa gente não conhece a civilização? – perguntou ele irritado.

Calmamente a avó puxou-o pela mão até a varanda e fez com que ele se sentasse a seu lado.

— Aqui não tem espaço para isso, meu querido! – disse rindo. – O máximo que você irá encontrar aqui é uma velha vitrola e um rádio do tempo da guerra! –, gargalhou. Vamos ter que nos contentar mesmo em ouvir a noite, por hora.

Contrariado, o moleque abanou a cabeça como se a falta da televisão fosse o fim do mundo. Percebendo a decepção dos meninos, Maria Clara, na tentativa de animá-los disse:

—Vamos crianças, vamos! Vamos ver do que é que

mamãe está falando. E virando-se para a mãe disse: – Você tem cada uma! Ouvir a noite! Só você mesma!

Depois de acomodados nas confortáveis espreguiçadeiras de palha a avó falou:

— Agora fechem os olhos crianças, fiquem bem quietinhos, inclusive você, meu querido –, falou olhando para o esposo que não parava de rir – e deixem que o silêncio penetre vagarosamente dentro de vocês e percorra todo o corpo dos pés à cabeça.

Alguns segundos mais tarde, embora ainda um tanto contrariados, os jovens já estavam em silêncio, concentrados apenas no que a avó dizia.

A voz pausada, doce e suave da avó, aos poucos foi penetrando na mente de todos como que hipnotizando-os.

— Agora relaxem seus músculos, respirem bem fundo e deixem o pensamento livre para ouvir somente os sons da noite.

Aos poucos, Maria Clara e os demais foram relaxando seus corpos e uma gostosa sensação de bem-estar foi invadindo gradativamente seus corpos, ao mesmo tempo em que os sons da noite foram se intensificando. Os pequeninos ruídos dos animais noturnos, pareciam ter se amplificado, podendo ser identificados facilmente por todos.

O coaxar dos sapos no rio, parecia um coro compassado e alegre. O pio da coruja, o farfalhar das folhas das árvores dando passagem ao vento quente da noite, parecia uma chuva fina a cair na relva. O trilar dos grilos e o canto solitário de uma ave entusiasmaram Dezinho.

— Estou ouvindo a noite, vovó! Estou ouvindo o silêncio da noite! – disse ele baixinho como que para não espantar os animais.

— Você consegue identificar todos eles? – perguntou a avó.

— Consigo. Acho que consigo sim, – respondeu ele prestando mais atenção ainda.

— E você, minha querida: – perguntou à neta.

— Posso ouvir o barulho do vento. Parece uma pessoa falando baixinho, – disse ela empolgada com a nova experiência.

— Eu também ouço o vento passando! –, respondeu Lelo logo atrás. – Agora há pouco ouvi o barulho de um besouro voando não muito longe de nós.

— Mamãe, você é incrível! – disse Maria Clara – Nunca passou pela minha cabeça, que escutar o silêncio fosse tão relaxante!

— Sua mãe é muito sensível minha filha, – disse doutor Luiz. – Tem uma delicadeza de alma, que só mesmo ela para prestar atenção a detalhes que nos passam, talvez a vida toda, despercebidos. Confesso que nunca parei para perceber os sons da noite. Estou estupefato! Parece que um exército de seres se agitam na mata, dando vida a ela quando a noite chega.

— Vamos ver quem consegue identificar mais sons sem errar o animal? –, disse Paulo animado com a idéia desta brincadeira.

— Vamos! – responderam todos ao mesmo tempo.

A animada brincadeira adentrou a noite entre risos, erros e acertos.

Mais tarde, quando a lua já ia bem alta, todos se recolheram em seus quartos, satisfeitos com aquela diferente experiência que vovó Carmem sugerira. Deitados em suas camas e ainda procurando ouvir os sons da noite, os três jovens deixaram que o sono reconfortante os dominasse por completo.

O DIA-A-DIA DA FAZENDA

Antes mesmo que o sol aparecesse no horizonte, a fazenda já estava em plena atividade. O canto forte do galo e o mugido das vacas no curral anunciava o início da ordenha. O cheirinho do café recém passado na cozinha, por Josefa, invadia a casa toda despertando o apetite.

Dona Carmem e doutor Luiz já haviam se levantado. Como eles mesmo diziam, pessoas de certa idade, não sentem mais necessidade de dormir muito. O corpo parece prever o tempo de partir se aproximando e quer aproveitar o máximo possível de vida terrena.

Estavam sorvendo uma xícara de café com leite quando Maria Clara entrou na cozinha.

— Que noite gostosa! Dormi como uma pluma e sinto o corpo leve. Nem pareço a mesma, papai! Não dormia assim há anos! – disse dando um beijo na mãe

— Eu também dormi como uma criança. – disse Paulo que vinha logo atrás da esposa. – Estava precisando de uma noite dessas já fazia tempo! Me sinto com uma disposição!

— Fico feliz em saber. Sentem-se aqui conosco e venham tomar o seu café. Josefa vai nos engordar, assim!

– falou dirigindo a brincadeira para a cozinheira que se sentiu orgulhosa com o elogio.

— Vou chamar as crianças para assistir a ordenha depois do café –, falou Paulo que acabara de se servir de um pedaço de bolo de fubá quentinho. – Quero aproveitar a oportunidade e mostrar a elas de onde vem o leite em caixinha que elas vêem no mercado. Outro dia Dezinho me perguntou como é que o leite saía do úbere da vaca. Estamos tão acostumados com as facilidades da vida na cidade grande, que muitas vezes passa despercebido falar dessas coisas aos filhos pequenos. E quando vemos, cresceram sem ter tido nenhum contato direto com animais, plantações e com a origem de tudo, por assim dizer.

— Faça isso meu amor, eu quero ir também! –, disse Maria Clara, dando um beijo no rosto do esposo. – Quero matar a saudade dos meus tempos de criança!

Dona Carmem sorriu satisfeita. Não percebia mais naquela manhã o traço de preocupação que vira na fisionomia da filha e do genro, na noite em que foram procurá-los para se aconselhar. Estavam felizes e seus olhos irradiavam entusiasmo e vitalidade. A tarde anterior fizera muito bem aos dois. Olhavam-se com o mesmo olhar de ternura da juventude. E muito embora fossem ainda bastante jovens, haviam permitido que a rotina do dia a dia lhes tirasse o entusiasmo de outrora. Agora, ali, sentados como dois adolescentes de mãos dadas, prestes a redescobrir o mundo, Dona Carmem sentiu que fizera a escolha certa.

Poucos minutos depois, todos estavam a caminho.

O local da ordenha era muito grande e de longe já se podia ouvir o mugido das vacas sendo ordenhadas e alimentadas pelos empregados. Tio Henrique havia mandado construir as estrebarias afastadas da casa da sede, pois esse trabalho começava muito cedo e o vai e vem dos empregados, poderia perturbar o descanso dos que gostavam de dormir até mais tarde. Tio Henrique havia sido, em vida, um homem minucioso nos detalhes e na organização de seu dia a dia. As vacas leiteiras eram sua atividade predileta. Falava delas com orgulho, tanto pelo porte elegante e saúde, quanto pela quantidade de leite que cada uma produzia, visto que grande parte dos lucros oriundos da fazenda, vinha do leite entregue à cooperativa diariamente.

Ali tudo era mecanizado. Dois empregados faziam todo o trabalho com extrema facilidade e competência.

Assim que chegaram à entrada, Dionízio lhes entregou algumas botas brancas e eles entraram.

— Como é grande! – disse Dezinho, ao olhar mais de perto uma enorme vaca holandesa que espichou o largo pescoço para olhá-lo também.

— O que é isso que estão colocando nas vacas mamãe? – perguntou Lívia.

— É a ordenhadeira mecânica, minha filha. Antigamente, quando tio Henrique possuía apenas algumas vacas, esse serviço era feito com as mãos, mas agora já não é mais possível. Eu mesma já tirei leite de uma vaca quando tinha quase a sua idade. E sabe que é uma sensação gostosa, ver o leite saindo em jatos na jarra?

— Será que a gente pode tirar também? – perguntou Lelo, esperando uma afirmativa de Dionízio.

— Se vocês quiserem tentar eu posso dar um jeitinho nisto! – respondeu sorrindo.

—Eu quero!!! Eu quero! – gritou Dezinho.

— Eu também! – respondeu Lívia, para espanto de sua mãe.

— Então está bem! Vou preparar uma vaca bem mansa para vocês. – afirmou Dionízio saindo. – Volto logo.

Enquanto o pequeno grupo visitava toda a instalação, observando cada detalhe da ordenha e enchendo os pais de perguntas, Dionízio preparava a vaca para as crianças.

— Está pronta! – disse ele algum tempo depois – Coloquei-a amarrada na última baia. Vamos?

— Eu quero ser o primeiro! – adiantou-se Dezinho como sempre.

— Tinha que ser! O mimado quer ser sempre o primeiro em tudo! Tomara que seja pisado por essa vaca para aprender a não ser tão metido! – resmungou Lívia.

— Não sou mimado não, sou o mais ligeiro, sua tonta! Por que não falou antes? – retrucou ele.

— Crianças! Olhem a educação! Todos vão ter a oportunidade de experimentar também! –, disse a mãe repreendendo o comportamento dos filhos.

Foi uma farra só. Primeiro precisaram vencer o medo de se aproximar da vaca, depois a coragem para colocar as mãos na teta e depois, bem, depois aprender a mexer os dedos até que o leite conseguisse jorrar com facilidade.

A jarra aos poucos foi se enchendo, para alegria deles, que viam seus esforços recompensados.

— Vamos, querida. É a sua vez! – disse a mãe à filha.

Lívia um tanto indecisa achegou-se do banquinho colocado aos pés da imensa vaca. Tateando vagarosamente o úbere repleto de leite, agarrou uma das tetas.

— Ai credo. É mole e quente! – disse tirando as mãos com nojo.

— Claro, você queria que fosse o quê, sua tonta? – retrucou Lelinho.

— Sai pra lá, moleque! Ninguém pediu a sua opinião! – respondeu empurrando o peito do irmão para trás. – Quando chegar a sua vez você abre essa matraca, tá bom?

Com grande esforço, Lívia conseguiu fazer com que alguns jatos de leite saíssem da teta espumando no fundo do jarro.

— Viu! Consegui. Quero ver você agora! – disse provocando o irmão.

— Muito bem! – falou Maria Clara – Muito bem! Venha Lelinho, é a sua vez.

Após algumas tentativas frustradas, o leite jorrou finalmente para dentro do jarro.

— Meu Deus! Como dói a mão. Parece que vai travando os dedos e o braço! – comentou Lelo com o avô.

— Realmente, é preciso muita prática para se fazer isso e mesmo assim é um trabalho bastante cansativo, requer muita calma e paciência. Você sabia que as vacas seguram o leite quando pressentem a agitação do ordenhador? – perguntou o avô.

— Não vovô! Quer dizer que elas sabem se a gente está nervoso? – perguntou espantado.

— Sim, meu querido! Todos os animais pressentem o nosso estado de espírito e não só as vacas. Os cavalos, os cachorros, as aves, todos assimilam a nossa intenção com eles e reagem conforme a nossa disposição no modo de tratá-los. Alguns se tornam até mesmo agressivos e outros arredios e amedrontados. Quando estamos de bem com a vida, calmos e com boas intenções, nossos fluidos penetram, por assim dizer os animais, acalmando-os. E, se ao contrário, estamos carregados de negatividade, mau humor e pensamentos menos produtivos, transmitimos essas sensações a todos ao nosso redor, criando uma corrente de hostilidade e medo. Principalmente nos animais, pois são mais sensíveis que muitos seres humanos. –, disse dando um tapinha na aba do boné do neto.

— Puxa! Eu não sabia disso! Quer dizer que somos como uma corrente elétrica que atinge os outros? – perguntou o menino muito interessado no que o avô falava.

— É isso mesmo! Somos uma espécie de corrente elétrica a dar pequenos disparos de energia. Se nossa energia interior é boa, causamos sensações boas nos que estão ao nosso lado. Mas se nossa energia interior não é das melhores, podemos causar desconforto aos outros. Além do que, a energia que possuímos também funciona como um ímã, atraindo para nós as energias que se afinam conosco. Se temos somente atitudes e pensamentos bons, atrairemos apenas boas energias, mas se nossos pensamentos e atitudes não são tão boas assim, damos entrada às energias negativas ao nosso redor. É um toma lá dá cá de energias voando soltas por aí. Entendeu? – perguntou o avô enquanto alisava o pêlo da enorme vaca.

O pensamento do neto se perdeu por alguns segundos em lembranças. Recordou-se de que no colégio existia um colega, o Cláudio, que não lhe passava boa impressão. Suas químicas não se cruzavam, como se diz! Por mais que desejasse, não conseguia ficar muito tempo ao lado dele. Sentia-se muito mal mesmo.

— Acho que sim! Já senti essa sensação. Existem pessoas que às vezes me deixam com vontade de sair de perto. Deve ser por causa dessa energia que o senhor está falando, não é? – completou o jovem.

— Com toda a certeza meu filho, com toda a certeza!

– disse doutor Luiz afagando a cabeça do neto.

Sentado em um pequeno banco e prestando muita atenção na conversa dos dois, estava o jovenzinho das bagagens. Olarinho era o seu nome. Doutor Luiz, percebendo a silenciosa presença do menino, chamou-o:

— Vem cá meu jovem. Venha conhecer meus netos! – disse animadamente.

— Eu? – perguntou o menino assustando-se.

— Sim, você! Venha até aqui! – pediu doutor Luiz.

Meio sem graça, Olarinho se levantou indo em direção aos dois.

Esticou a longa e calosa mão cumprimentando-os.

— Sou Olarinho. É assim que me chamam aqui.

Lelo estendeu sua mão em direção à do menino.

— Meu nome é Marcelo, mas me chamam de Lelo. Como vai?

— Venham aqui! – chamou doutor Luiz – Lívia,! Dezinho! quero que também conheçam o Olarinho.

Os dois atenderam o pedido do avô e fizeram as apresentações de praxe.

— Olarinho é filho de Dionízio e de Josefa.. – disse o avô aos netos – Conhecemos, eu e a avó de vocês, esse menino desde que nasceu. Josefa caiu de amores por Dionízio, assim que veio morar aqui na fazenda, trazida por sua avó. A mãe deste rapazinho – disse apontando para Olarinho – é nossa velha conhecida. Trabalhava na capital, na casa de uns amigos que se mudaram para o exterior e acabou vindo trabalhar com a tia de vocês aqui na fazenda. Daí, surgiu esse menino, um verdadeiro peão! Precisam ver só como ele laça um bezerro no campo! É o braço direito do pai aqui na fazenda., – e virando-se para o menino pediu – Mostre a meus netos como se vive aqui no campo, meu filho! Leve-os a andar por aí. Tem muita coisa na fazenda que eles ainda não viram e que também não conhecem, – e fazendo uma pausa disse – Por outro lado, garanto que eles também haverão de ter muitas novidades da cidade para lhe contar.

— O senhor é que manda! – disse o menino menos encabulado agora.

— Então, vamos! – disse Dezinho. – Estou louco para conhecer tudo!

— É difícil aprender andar a cavalo? –, perguntou Lívia a Olarinho. – Sempre quis subir num cavalo mas nunca tive oportunidade. Você me ensina?

— Eu também quero! –, disse Lelo – Depois de você vou ser eu! – disse antes que Dezinho se adiantasse como sempre.

Os quatro saíram animadamente, já trocando idéias de onde iriam em primeiro lugar.

Com um sorriso nos lábios, Maria Clara recostou a cabeça no peito de Paulo e disse:

— Estamos aqui há apenas um dia e já posso perceber mudanças em nossos filhos, meu querido. Veja Lívia. Percebeu que ela está com um brilho diferente nos olhos? Não quer demonstrar, mas acho que está gostando da surpresa de mamãe.

— Notei sim meu amor e isso é muito bom, muito bom mesmo, – respondeu enquanto beijava a testa da esposa com carinho.

— É, meus filhos. Como diz sua mãe, são os ares do campo – completou doutor Luiz com uma gostosa gargalhada, como era do seu feitio.

A caminhada até a cocheira era longa. Talvez não tão longa quanto parecesse, mas para Lívia, Dezinho e Lelo, acostumados apenas a se deslocar pela cidade de carro, o trajeto percorrido com disposição para Olarinho, deixou os três exaustos.

— Falta muito ainda? – resmungou Dezinho suando em bicas.

— Não! Já tamos chegando. – respondeu o menino.

— Por que tudo aqui é tão distante de tudo? Tio Henrique, pelo jeito, gostava de andar prá caramba! – suspirou Lívia apoiando o braço nas costa de Lelo.

— Pô! Tire esse braço daí ! Estou mais cansado do que você, sua folgada! – disse empurrando a irmã para longe dele.

— Na cidade ôceis não tão acostumado a andar assim? – perguntou Olarinho intrigado com a falta de exercício dos novos amigos.

— Não Olarinho, não! Lá nós andamos de carro e na pior das hipóteses, de ônibus. – Disse Dezinho buscando fôlego nos pulmões.

Olarinho intrigado com a fraqueza de pernas dos novos amigos e não conseguindo controlar a língua, desabafou:

— Caramba! Vocês não iam durar muito aqui! – respondeu o menino bastante preocupado. – Aqui nóis vive andando o dia inteiro prá lá e prá cá e... não é só andar. A gente trabalha de sor a sor e de chuva a chuva tamém. A não ser nos domingos, que daí a gente descansa prá valer.

— Então você passa o domingo todo dormindo? – perguntou Lelo.

— Não! Você tá louco! Dormi é coisa prá velho que já tá quase entregando os ponto! – disse rindo da pergunta. – A gente levanta cedo, vai à missa ouvir o padre Mauri falar e depois vai jogá bola no campo do alemão. Às veis tem bingo e armoço no salão da igreja e aí, aí sim é que é bão prá daná. Tenho sorte no bingo –

disse estufando o peito com orgulho. Quase sempre levo arguma coisa prá casa. Na veis passada tirei um leitãozinho na úrtima rodada. Agora o bicho tá lá, engordando que dá gosto de vê.

— Um leitão! – disseram os três a uma só voz, enquanto se entreolhavam espantados com a alegria do menino.

— Pensei que os prêmios fossem melhores – disse Lelo – talvez um vídeo game, um celular ou até mesmo um som. Sei lá, mas um leitão! – completou indignado.

— O quê? Vocêis não sabem mesmo o que é bão! – disse meneando a cabeça – Meu leitão tá uma belezura! Com ele vou começá minha criação. Pensam o quê? Mês que vem vou levá ele prá cruzá com a porca do Tobias e até o finar do ano, vou ter pelo menos mais treis lá em casa.

— Santa Mãe! E o que você vai fazer com tanto leitão? – perguntou Dezinho.

— Vou cruzá mais e mais e depois vendê as crias ué? Escolho a melhor porca, o melhor cachaço e deixo para reproduzi. Assim, sempre que eu quisé, vou tê leitãozinho pra vendê e também pra comê. Vô sê dono do meu dinheiro e se Deus quizé, do meu nariz em bem pouco tempo, como todo homem deve sê. Não quero dependê do meu pai a vida toda. Começo devagá, devagá mas chego lá! – concluiu com um largo sorriso e um brilho intenso no olhar.

Os três nada responderam. Na verdade, Olarinho possuía mais do que eles e demonstrara ser bastante astuto para negócios, coisa que eles desconheciam por completo.

— Arrasou! – disse Lívia baixinho no ouvido de Lelo.

Chegaram por fim às cocheiras.

O relinchar dos cavalos lá dentro animou os três.

Enormes fardos de feno estavam colocados enfileirados até quase o teto, logo à entrada da grande construção. Um ancinho espetado neles parecia estar a espera de trabalho.

O cheiro forte dos animais fez com que Lelo estancasse na entrada.

— Credo! Que fedor horrível! – disse Lívia levando a mão ao nariz. – Como é que alguém consegue ficar aqui dentro! Vou ter que tomar no mínimo uns três banhos para tirar esse fedor do corpo!

— Eu gosto! – disse Olarinho orgulhoso. – Sempre gostei do cheiro dos animar.

Espantados com o palavreado simples do menino eles desandaram a rir. Intrigado com o riso, Olarinho continuou:

— Com o tempo ocêis se acostumam, – disse empurrando com força as enormes portas de madeira que rangeram ao se abrirem. – Agora podem entrar! Se pisarem narguma sujeira, é só limpá no capim quando saí, – disse olhando para os animais, pensativo. – Vou escolhê o mais manso prá oceis. Seu Henrique sempre disse que a velha égua "Ladina", era a melhor prá se oferecê prás visitas. Galopa manso mas é esperta como o nome – disse afagando a crina da égua com delicadeza. Apanhou um punhado de feno e ofereceu a ela. Quando a égua havia se bastado do alimento, encilhou-a e puxou-a para fora da cocheira.

O olhar dos irmãos era de atenção e curiosidade. Na erdade nunca haviam estado tão perto de uma égua. Era grande, muito maior do que haviam suposto. Suas crinas longas e seu pêlo bem escovado e brilhante demonstravam o cuidado como os animais eram tratados naquela fazenda.

— Vamos experimentá primeiro com ocê. – disse apontando o dedo para Lívia.

— Não! – disse ela quase gritando. – deixe Lelo ir primeiro. Eu vou depois... tudo bem? – completou, quase já se arrependendo de ter vindo e sentindo-se ridícula por sentir medo.

— Cê que sabe, – disse o menino. – Quem vai sê o primeiro então?

— Eu vou! – pulou Dezinho animado.

Olarinho ajudou o menino a subir na alta égua inglesa. Lá de cima o menino podia ver a cara dos irmãos e suas bocas abertas. Sentiu-se por cima da *carne seca*, como se diz na gíria. Fora mais corajoso do que eles.

— Eu vou ser o primeiro e o mais corajoso! Vocês não são de nada mesmo! Perderam para mim, o mais novo –, disse rindo da fisionomia de espanto de Lelo e Lívia. – Sou o maior!

— Ponha o pé aqui no estribo e não tire por nada. Sigure o arreio assim... isso, isso mesmo. Agora é só andá. Não tenha medo, ela é mansinha, mansinha. Pra pará é só puxá o freio. E, quarqué coisa pode gritá que eu acudo.

A um comando estranho, que Olarinho fez com a boca, a égua começou a andar primeiro vagarosamente e depois mais apressada.

O corpo desajeitado de Dezinho sacudia feito gelatina de morango em cima do animal. Suas faces extremamente coradas, tentavam conter diante dos irmãos o pavor que estava sentindo a cada galope da Ladina. Seus dedos seguravam fortemente as rédeas e seus pés pareciam chumbados nos estribos. A sensação que sentia era estranha, pois estava associada ao imenso prazer de galopar sozinho e a dor que estava sentindo, pois suas nádegas, a cada galope de Ladina, batiam fortemente na montaria dura de couro, fazendo com que sentisse vontade de desistir daquela aventura.

A cada solavanco seu corpo parecia querer saltar de cima do animal, mas agarrado a ele como estava, seria humanamente impossível derrubá-lo.

Algum tempo mais tarde, que para ele pareceu uma eternidade, Olarinho chamou a égua de volta com um estridente assobio.

Obediente, ela parou e voltou galopando rapidamente em direção ao menino.

Olarinho ajudou o menino a descer, pois suas pernas estavam bambas. Deitado no chão esfregava as mãos vermelhas e doídas de tanta força que fizera para segurar as rédeas.

— Foi ótimo! – dizia ele – Foi demais! Demais mesmo! Só meu traseiro é que não gostou muito – disse esfregando as nádegas e rindo de si próprio. – Mamãe não vai acreditar quando eu contar o que fiz!

— É a vez de ôceis – disse Olarinho oferecendo o arreio a Lívia e Lelo.

— Tá bem! Eu vou agora. – disse Lelo num ímpeto de coragem mal disfarçada. – Ajude a subir que o resto eu faço!

— Lembre de segurá firme no freio se precisá – aconselhou Olarinho ao amigo.

— Sei, sei mas eu quero que ela corra, não muito mas... um pouco está bem: Quero mostrar a esse fedelho quem é o bom nisso!

— Tá. Eu vou dá uma palmada no traseiro dela e você comanda. Tá bão? – disse o menino.

Splesh!! E lá se foi a égua num galope só.

Os cabelos de Lelo chicoteavam seu rosto com o vento. Suas pernas desajeitadas e compridas se abriram como uma asa delta e seu corpo magro começou a pular como cavalo chucro em cima da sela

— Socorro! Não consigo controlar esse bicho! Socorro! – gritava ele em cima de Ladina, que corria desenfreadamente.

Foram minutos de tensão para Lelo e para os demais, até que Olarinho, assobiando fortemente, fez com que a égua diminuísse seu galope até parar definitivamente.

Vagarosamente ela se achegou ao menino.

— Por que ocê pediu prá corrê coa égua se não sabia galopá, companheiro? – perguntou Olarinho seriamente.

— Pensei que fosse fácil. –, respondeu Lelo vermelho, trêmulo e envergonhado de toda aquela cena.

— Ai, ai, ai, ai, ai,... – resmungou Olarinho – Gente da cidade pensa que bicho é máquina... Animar é animar, artomóver é artomóver. Bicho não dá prá desligá. Ceis teve sorte de sê a Ladina... fosse outro quarqué e ... num sei não! A gente tem que sabê até onde pode i com tudo na vida senão... quebra a cara que só vendo.

Lelo percebeu naquelas palavras a tremenda irresponsabilidade que havia cometido e sentiu-se mal perante o menino.

Virando-se para Lívia perguntou

— Cê vai querê subi na Ladina?

— Vou, mas acho melhor você puxar, até eu pegar o jeito, está bem?

— Assim é melhó. – disse o menino sorrindo. – Vamos então. Eu puxo e quando achá que tá bão eu sorto ocê.

O VULTO ENTRE AS ÁRVORES

Lelo e Dezinho ficaram sentados apreciando a irmã. O coração de Lelo aos poucos foi voltando ao normal e sua cor também.

Depois de algumas voltas acompanhada de Olarinho, Lívia sentiu-se apta a cavalgar sozinha mas... bem devagarinho.

A sensação que sentiu, foi bem melhor do que a dos irmãos. Parecia que já havia cavalgado antes. Viu-se segura e feliz com aquela inusitada experiência, que pareceu ser comum em sua vida.

Do alto de Ladina, pareceu avistar um vulto se mexer por entre as árvores. Tentou fixar os olhos, mas ele desapareceu, diluindo-se no ar.

Assustada, fez rapidamente com que o animal voltasse para as cocheiras.

— E daí? Gostou? – perguntou Dezinho.

— Adorei! Amanhã podemos cavalgar de novo? – perguntou ao menino.

— Se ôceis quisé, sim! – respondeu o menino sorridente.

— Então está combinado! A tarde a gente vem aqui

de novo – disse Lelo.

— Não, não é preciso. Eu levo a Ladina até a casa da sede, assim ôceis não se cansam tanto. Tá bão?

— Ótima idéia! Vou pedir para a Josefa fazer uma cesta e a gente pode fazer um pic-nic Que acham? – perguntou Lívia.

— Por mim tudo bem! – respondeu Dezinho lambendo os lábios. Eu vou adorar carregar a cesta.

— Eh! Guloso! Só pensa em comida mesmo! –, disse o irmão sacudindo os cabelos do pequeno.

— Vamos! Vamos que já está ficando tarde. E por falar em comida... estou com uma baita fome. Tomara que não tenhamos perdido a hora do almoço! – disse a menina olhando no relógio de pulso.

— Não. Ainda não é meio dia. Olhem o sor. Não chegou lá no arto. Aprendi a vê as horas pelo sor e nunca perco a noção dela. – disse o menino levantando a cabeça para o céu.

De fato, o grande astro ainda não estava a pino.

— É verdade, ainda não é meio-dia. Vamos correr que chegaremos na hora exata. – disse Lívia pondo-se a correr em direção à sede.

— Quem chegar por último é mulher do padre! – gritou Dezinho.

Maria Clara e Paulo haviam deixado a estrebaria logo após as crianças saírem para cavalgar. Percorreram de charrete boa parte da propriedade do falecido tio.

O canto matutino dos pássaros trouxe uma paz imensa a seus espíritos. O farfalhar das árvores ante a passagem do vento, parecia cantiga de ninar aos ouvidos já tão acostumados a toda aquela barulhenta vida na cidade.

— O silêncio é tanto, Maria Clara, que posso ouvir

os batimentos do coração. Acredita? – disse Paulo em dado instante.

— Eu sei. Esta noite custei a adormecer, ouvindo um zunido estranho, que só bem mais tarde vim a constatar que era um som vindo de dentro de mim, – disse ela rindo muito. – Parecia uma abelha zunindo baixinho em meu ouvido.

— Eu também ouvi a mesma coisa – disse ele espantado – Parecia um motor muito distante, não é?

— Hum, hum! – concordou ela.

— Interessante, interessante mesmo! Não percebemos essas coisas na cidade, não é? Deve ser porque os ruídos externos são maiores do que os internos.

— Mamãe disse ontem que precisamos aprender a ouvir, ouvir os ruídos da natureza. Preciso contar a ela que ouvi esta noite os ruídos da minha natureza! – completou Maria Clara com uma gostosa gargalhada.

Paulo observou por algum tempo o riso encantador da esposa e foi como se a estivesse vendo pela primeira vez.

— Você está linda! – disse o esposo carinhosamente. – Linda mesmo! Há quanto tempo não via o sorriso franco iluminando seu rosto desta maneira. Olha que eu me apaixono de novo hein?

— E você? Você tem estado tão gentil, atencioso e amoroso! – retrucou com um ar maroto no olhar.

— Nós precisávamos deste descanso, isso é certo – afirmou. – A correria acaba por afastar os casais. Aqui o ritmo de vida faz com que sobre tempo para tudo, até para se apaixonar de novo – disse puxando-a para mais perto de si.

— Eu sei – disse ela. Mas apesar de tudo, Paulo, temos sido felizes, muito felizes. Nós nos completamos até mesmo nas preocupações. Não é mesmo?

— É... Sempre que algo acontece, as soluções são encontradas a dois. É isso que nos mantêm unidos até hoje. A paixão que nos uniu no princípio se transformou em amor. Amor e respeito. E olha que já se vão alguns anos de convivência.

Maria Clara deixou que seu pensamento fizesse uma breve viagem ao passado. Viu-se novamente vestida de noiva, sentiu novamente aquela indescritível emoção e mostrava-se feliz com as lembranças de seu passado ao lado do esposo. Depois, como se voltando de um sonho bom disse:

— Para ser mais clara, doutor Paulo, são 18 anos de vida em comum! – disse ela com emoção. – Poucos são os casais que ultrapassam os sete primeiros anos juntos e isso quando chegam aos sete. A maioria desiste muito antes disso. Somos heróis! –, gracejou.

— É verdade, minha querida. Penso que talvez, nesses casos, a paixão não conseguiu dar lugar ao amor verdadeiro. Com o tempo ela se acaba. Vão-se embora os primeiros encantos da novidade e da juventude e então não resta mais nada para unir um homem a uma mulher, senão o verdadeiro amor. No nosso caso, o amor foi cultivado, solidificou-se na luta do dia a dia, cresceu nos objetivos em comum que temos, fortaleceu-se em nossa fé na espiritualidade e resistiu ao vendaval da chegada de nossos queridos filhos. Dividimos tudo. Lembra? Até mesmo as tarefas corriqueiras quando as crianças eram pequenas. Nada nos separou ou isolou. Dividimos até mesmo as mamadas e as trocas de fraldas noturnas. Que mulher não veneraria um marido como eu? Hein? Diga?

— Convencido! E eu, que homem não idolatraria uma esposa fiel, carinhosa, prestativa e companheira como eu? – disse ela com o nariz bem empinado.

— Eu. Eu idolatro você minha deusa! Eu idolatro você! – gritou bem alto, espantando um bando de passarinhos que ciscavam no gramado.

Entre risos e alegre conversação, seguiram em seu passeio sem perceberem que mais alguém, invisível aos seus olhos, participava também dessa alegria.

Na casa da sede, dona Carmem e Josefa estavam às voltas com o almoço. A avó sempre preocupada em agradar os netos, orientava a cozinheira na preparação dos pratos preferidos das crianças. Seu Luiz, sentado em uma confortável espreguiçadeira, lia o jornal do dia e vez por outra comentava as notícias com a esposa.

— Veja, Carmem. O gás subiu novamente. Misericórdia! Onde vamos parar! – meneava a cabeça desconsolado. – Quase metade do salário do trabalhador vai em gás, luz e água! O que sobra para viver? Essas coisas essenciais à sobrevivência não poderiam ser cobradas, não poderiam mesmo! –, completou franzindo a testa. – Alguém deveria perceber isso. Não acham?

— É – respondeu dona Carmem – mas entra governo e sai governo e tudo continua como está! O pobre cada vez mais pobre e o rico cada vez mais rico!

— Ainda bem que por aqui a gente só usa o fogão a gás nas horas de emergência –, retrucou Josefa. – Meu velho fogão a lenha que o diga! Fazemos uma economia e tanto, além do que, a comida fica muito mais saborosa quando feita no meu amigo aqui! –, disse ela apontando para a enorme chapa de ferro que ardia no canto da cozinha.

— Quisera eu ter um destes lá em casa –, lamentou-se dona Carmem.

O alarido das crianças, chegando do passeio,

interrompeu a conversa das duas mulheres. Suados e exaustos, adentraram a cozinha à procura de alguma coisa para beber. Suas fis onomias sorridentes e coradas demonstravam o quanto haviam se divertido naquele passeio. Dona Carmem sorriu satisfeita.

— Oi! pessoal! Chegamos e estamos mortos de fome! – disse Dezinho abraçando a avó.

— Por onde andaram, crianças? Já estávamos ficando preocupados – falou carinhosamente.

— Você nem imagina, vovó! Fomos cavalgar com aquele menino, o Olarinho. Se bem que nem todos cavalgaram de verdade – disse Lívia com um ar de deboche dirigido ao irmão.

— Eu consegui, vovô! Andei na Ladina e não caí – adiantou-se Dezinho eufórico com seu feito.

— Muito bem, meu jovem, muito bem! –, aplaudiu o avô. – E você Lelo? Conseguiu também ludibriar aquela velha égua? – perguntou o avô.

— Bem... eu não caí, mas... aquela égua disparou comigo – respondeu ele meio sem graça.

— Disparou nada vovô! – interrompeu Lívia. – Ele quis dar uma de metido, de sabido, bonzão e pediu para o Olarinho dar uma tremenda palmada na traseira da égua. Daí, já viu né? Sacudiu e gritou feito uma donzela medieval.

— Crianças! – disse o avô franzindo a testa em reprovação. – Vocês não imaginam o perigo que passaram. Todo cuidado é pouco quando se trata de animais. Brincadeiras perigosas com eles quase sempre acabam em tragédia, ou no mínimo, uma perna quebrada.

Percebendo a gravidade do que havia feito e observando a fisionomia austera de reprovação do avô, o menino quase implorando disse:

— Não se preocupe, vovô. Não farei mais isso.

Amanhã vamos cavalgar de novo e prometo – disse cruzando os dedos para que o avô realmente acreditasse. – Não vou mais fazer nenhuma besteira desse tipo, mas por favor não conte para a mamãe, senão ela não nos deixará ir. Está bem? Prometa, prometa, vovô! – suplicou ele beijando as bochechas do ancião.

— Está bem, está bem! Mas vou ficar de olho em vocês de agora em diante – disse o avô fazendo cara de bravo.

— Vão se lavar crianças! O almoço já será servido – gritou a avó da cozinha.

— Vou tentar ligar para a Roberta – disse Lívia procurando seu celular na mochila. Depois eu vou, vovó! – gritou lá da sala.

Trepada na soleira da varanda, Lívia tentava em vão obter algum sinal da antena retransmissora.

— Que lugar mais isolado! – resmungava ela batendo no aparelho. – Nem um risquinho sequer! Vovó tem cada uma que chega até a doer! Trazer a gente para este fim de mundo! Eu devia ter adivinhado, que surpresa vinda dela não poderia ser nada melhor do que isto! – disse irritada. – Velho é que gosta de mato. Será que ela não sabe disso?

— O que você disse meu bem? – perguntou a avó que acabara de chegar à varanda.

Sobressaltada com a possibilidade da avó ter escutado o que dissera, Lívia disfarçou.

— Nada não, eu... eu só estava reclamando do celular. Já tentei todas as posições possíveis e nada!

— Esqueça isto querida e venha almoçar. Estão todos esperando por você – disse dona Carmem fingindo acreditar na neta.

Maria Clara e Paulo chegaram logo a seguir.

Depois do almoço, Lívia foi ter com a avó que

repousava no sofá da sala. Percebendo que dona Carmem estava só, foi chegando de mansinho como quem não quer nada e sentou-se no chão, próximo à cabeça dela. Sentindo a presença da neta, dona Carmem abriu os olhos despertando do gostoso cochilo em que se encontrava.

— Ah! você está aí minha querida? – disse ela carinhosamente.

E percebendo a inquietação da neta perguntou:

— Você quer falar comigo? –, perguntou ela, sentando-se no sofá. – Vamos! Sente-se aqui do meu lado.

— Sabe vovó, hoje pela manhã quando estava montada na Ladina, vi um vulto no meio das árvores... Senti um arrepio estranho, uma espécie de medo, sei lá! – disse a menina um tanto assustada. – Quando quis fixar os olhos melhor, ele simplesmente desapareceu como se fosse uma fumaça no ar. O que é isso vovó? – perguntou a neta bastante intrigada com aquilo que vira.

Dona Carmem acomodou-se nas almofadas e depois de meditar um pouco disse:

— Não posso precisar o que tenha sido, minha querida, – falou tentando não preocupar a neta. – Talvez você tenha avistado algum animal silvestre ou algo parecido, quem saberá ao certo?

— É, mas eu sei que não era nenhum animal ou coisa parecida – disse a jovem determinada a desvendar esse mistério. – Era o vulto de uma pessoa, de um homem e estava me olhando. Senti um arrepio no corpo todo. Voltei correndo para as cocheiras. Não disse nada para os meninos, pois iam achar que era mentira minha. São uns bobos mesmo!

Deitou a cabeça no colo da avó como que procurando esquecer o ocorrido e se proteger naqueles braços seguros.

Dona Carmem afagou os longos cabelos da neta,

silenciosa. Sabia se tratar de seu irmão Henrique, sentira sua presença na casa desde o primeiro dia. Mas não queria assustar Lívia, que muito pouco conhecia a respeito da comunicação entre os vivos e os ditos mortos.

— Não se preocupe tanto, minha querida. Às vezes pensamos ter visto alguma coisa e no fim... não vimos nada, a não ser uma ilusão provocada pelo medo do desconhecido.

— Não foi ilusão, vovó. Eu vi. Vi um homem. Sei o que estou dizendo e... – fez uma pausa. Senti que ele queria falar comigo – disse estremecendo.

— Vamos lá menina! O que é isso? – retrucou a avó abraçando-a mais fortemente. – Procure esquecer isso, querida! Não há motivos para sentir tanto medo assim! Espíritos há em todas as partes, você sabe disso! – concluiu a avó rindo. – Isso não quer dizer que queiram nos fazer mal, não é mesmo? Talvez ele estivesse apenas olhando vocês se divertirem. Não acha? Não há motivo nenhum para sentir receio. Acredite em sua avó!

A menina concordou com a cabeça, mas permaneceu ali, encorujada no colo da avó por longo tempo. Dona Carmem procurou desviar o pensamento da neta convidando-a para passear logo mais à tarde.

VISITA AO COMPADRE

— Gostaria que você me acompanhasse, em uma visita que preciso fazer ainda hoje minha querida – disse a avó.

— Onde é vovó? – Perguntou a menina.

— Na casa de um antigo amigo. Gostaria de levar alguns mantimentos para eles. Josefa tem feito isso com freqüência, desde que ele adoeceu, mas desta vez, eu gostaria de fazê-lo já que estamos aqui. Não é mesmo? Revejo velhos conhecidos e você, com certeza, irá gostar das filhas dele. Uma delas, a mais velha, tem um pouco mais que a sua idade.

— Por mim tudo bem! – disse a menina levantando-se – Não tenho nada melhor para fazer mesmo! Vou me arrumar e quando a senhora quiser pode me chamar.

— Obrigada, meu amor. Dentro de meia hora seu avô irá nos levar. Está bem? Vou pedir a Josefa que prepare a caixa com os mantimentos – disse enquanto se retirava para a cozinha.

Josefa preparou tudo e Dionízio a colocou na carroceria da caminhonete de doutor Luiz.

— Vamos! Não temos o dia todo, meninas! – , disse o

avô dirigindo-se à esposa e à neta. – O sítio do compadre Teixeira fica distante daqui. Não quero chegar lá muito tarde.

De fato, o sítio era longe da fazenda de tio Henrique. Dona Carmem e doutor Luiz conversaram o tempo todo e Lívia aproveitou para tirar uma soneca no banco de trás da caminhonete.

Uma estridente buzina a acordou repentinamente.

— Chegamos! – disse o avô alegremente.

Lívia levantou-se esfregando os olhos, enquanto procurava sua inseparável escova para pentear os cabelos.

O sítio de seu Teixeira era muito diferente da fazenda onde estava hospedada. A casa com uma pequena varanda na frente, chamou sua atenção pelo tamanho. *"Meu Deus! essa casa inteira cabe na sala da mamãe!"* – pensou a jovem enquanto descia da caminhonete do avô.

Um homem de mais ou menos uns quarenta anos apoiado em uma bengala veio ao encontro de seus avós, bastante alegre.

— Sejam bem-vindos meus amigos! Há quanto tempo não nos vemos! Que bela surpresa Deus me reservou hoje! –, disse o homem abraçando fortemente doutor Luiz e dona Carmem. – Entrem, entrem! Sofia vai ficar muito feliz! quando vê-los aqui. – E virando-se para Lívia perguntou: – E esta jovem... não me digam que é a filha de Maria Clara e Paulo?

— É ela mesma – disse dona Carmem abraçando a neta. – Não está uma moça?

— Uma bela moça! – falou o homem estendendo a mão para Lívia. – Temos duas filhas quase da sua idade. Venha, vamos entrar. Quero lhe apresentar minhas duas jóias também.

Uma pequenina sala dividia espaço com a cozinha. Uma mulher de mais ou menos a idade de sua mãe, estava envolvida com alguns pães que acabara de retirar do forno.

— Veja, Sofia! Quem veio nos visitar! – disse o senhor Teixeira assim que entraram na casa.

Um largo sorriso estampou-se na fisionomia da mulher, que largando imediatamente um alvo pano de pratos em cima da mesa, correu em direção à dona Carmem, abraçando-a fortemente.

Dona Carmem retribuiu o carinho com a mesma intensidade.

— Meu Deus! Não posso acreditar! – dizia ela sem parar e abraçada à amiga. – Há quanto tempo não nos vemos! Sentimos muito a falta de vocês por aqui. As meninas não se cansam de perguntar pela vovó Carmem e o vovô Luiz.

— É verdade. Não voltamos mais aqui desde que meu irmão faleceu. E já se vão três longos anos. Somente agora tivemos coragem. Tudo naquela fazenda lembra a figura querida de meu irmão. E as meninas? Onde estão? Estamos com saudades. A última vez que nos vimos foi na véspera do Natal passado, lá em Curitiba, na casa de Laura. Não foi?

— Sim, foi lá mesmo. As meninas já estarão de volta. Foram até o pomar apanhar umas frutas. Pediram para fazer aquela famosa torta de amoras e eu prometi que de hoje não passava – disse rindo.

— Mas e o compadre? – perguntou doutor Luiz virando-se para o amigo. – Como tem passado? Soube pela Josefa que está se recuperando dia a dia e ficamos felizes com essa notícia.

— Sim é verdade. Parece que o pior já passou graças a Deus. Não posso me locomover muito por enquanto, mas sinto que logo logo, estarei na ativa novamente. O acidente foi mais feio do que eu havia pensado! Na verdade, quase parti desta para melhor! – contou alegre.

Os dois homens se retiraram para fora sentando-se na varanda. Dona Carmem e Sofia acomodaram-se em pequenos bancos ao redor da mesa, onde os pães exalavam um perfume muito apetitoso.

— Sente-se aqui também querida. – disse Sofia à Lívia, dirigindo-lhe um amável sorriso. – Logo as meninas chegarão e você se sentirá mais à vontade entre elas. Enquanto isso, aceita um refresco, querida? – perguntou gentilmente.

Algum tempo depois, duas jovens muito alegres e coradas adentraram a porta da cozinha, trazendo um enorme cesto carregado de amoras. Estancaram espantadas quando se depararam com dona Carmem sentada ao lado da mãe.

Imediatamente correram ao encontro da avó postiça, beijando e abraçando-a fortemente.

— Vovó Carmem! Que saudades! Que saudades! – diziam sem parar. Bem que mamãe disse, que logo logo a senhora viria nos ver. Nós não agüentávamos mais de vontade de ver a senhora! – disse a menorzinha.

— Receberam minhas cartas, crianças? –, perguntou dona Carmem beijando as meninas longamente.

— Recebemos sim! Adoramos os presentes que a senhora mandou também! – disse a mais velha.

— A senhora vai ficar para comer a torta não vai? – resmungou a menor com carinha de pidona.

— Vou. Claro que vou! E virando-se para Lívia disse: – Meninas, esta é Lívia minha neta. Lívia esta é Vitória e esta sapequinha é a Eunice. Conheço estas meninas desde que nasceram. Elas me adotaram como avó também, – completou dona Carmem, percebendo a expressão de desagrado estampada no rosto da neta.

Fazendo um ar de pouco caso, que só Lívia sabia fazer com total maestria, respondeu:

— Muito prazer.

Vitória, que percebera de pronto o desagrado da neta de dona Carmem, disse com uma simpatia que desarmou Lívia:

— Sua vovó Carmem tem um coração *enooorrrme* e cheio de amor para dar. Ficamos contentes em caber dentro dele também. Nossas avós de verdade – disse fazendo uma pequena pausa – não chegamos a conhecer, infelizmente. Deus as levou muito antes de nascermos, mas não fez por menos e colocou vovó Carmem em nosso caminho. Ficamos muito felizes com esse presente que Ele nos deu. Não é mesmo Eunice? Amamos vovó Carmem e vovô Luiz, Lívia. Nós os elegemos nossos avós postiços! – disse satisfeita.

Um largo e franco sorriso iluminou seu rosto, enquanto estendia a mão para a nova amiga. Lívia desarmou-se ante a simplicidade e franqueza de Vitória. Retribuiu o sorriso, embora estivesse se sentindo ridícula pelo ciúme tolo que sentira.

— Venha, vamos lhe mostrar nossa casa e nossos animais. Temos uma criação de coelhinhos. São uma graçinha! Você vai gostar.

Lívia acompanhou as meninas meio sem graça. Mas encorajada pelo sorriso da avó saiu logo atrás das meninas. Desceram a pequena escada que conduzia ao quintal. Um enorme jardim todo colorido por vários tipos de flores e por uma grama impecavelmente aparada, chamaram a atenção de Lívia pela beleza. Andando um pouco atrás de Vitória, Lívia observava a jovem de cima à baixo minuciosamente. Vitória tinha os cabelos longos, muito claros e pareciam macios. O sol, batendo sobre eles, lançava reflexos dourados que os deixavam ainda mais belos, esvoaçando ao vento. Lívia imediatamente pensou: *"Que xampu será que ela usa. Será que eu pergunto ou não..."* – conjeturou passando as mãos disfarçadamente pelos seus. Vitória era um pouco mais alta do que Lívia e mais velha também. Tinha o andar gracioso embora decidido. Não muito magra, tinha tudo no devido lugar. Livia não conseguia tirar os olhos da jovem. *"Academia ela não faz, isso eu sei, neste fim de mundo não deve existir nada parecido... será que ela toma alguma coisa para não engordar..."* continuava ela a observar. Eunice no entanto, era uma jovenzinha um tanto gordinha, sardenta e sorridente. Seus cabelos encaracolados, cor de fogo, lembravam o pôr do sol e foi ela que repentinamente acordou Lívia de seus devaneios.

— Quantos anos você tem? – perguntou ela e, antes que Lívia pudesse responder disse: – Eu tenho 11 anos e já li duas vezes o "Nosso Lar" de "André Luiz". Vovó Carmem me deu de presente no ano passado. Vitória me ajudou a ler. Eu, eu não consegui entender bem... – parou por instantes. – Algumas coisas eu conseguia saber, é claro! – disse animada.

— Leu o quê? –, perguntou Lívia espantada.

—O livro "Nosso Lar", ué? – respondeu a menina sem entender o espanto de Lívia.

— Vovó Carmem sempre nos manda livros espíritas para ler. Eu leio os meus, Eunice lê os dela e depois nós duas trocamos. Às vezes Eunice não entende bem as coisas que lê, então eu tento explicar a ela. Se não consigo, papai nos esclarece durante o culto no lar.

Confusa com a pergunta, da qual ela não saberia nem de longe responder, Lívia ficou ainda mais espantada com a agilidade no falar de Eunice, que continuava a olhar esperando uma resposta.

— Gosto mesmo são dos livros infantis São mais fáceis. O primeiro livro que ganhei da vovó foi "História da Maricota." Você já leu? – perguntou a Eunice enrolando os dedinhos nos cachos do cabelo.

— Não. – Respondeu Lívia displicentemente, tentando disfarçar seu desconhecimento de tais livros, ou de qualquer outro que fosse, religioso ou não!

Percebendo o desconhecimento de Lívia sobre essas leituras, Vitória muito perspicaz, apressou o passo dizendo:

— Bem, vamos ver os coelhinhos? Depois quero lhe mostrar minha coleção de cds. Acho que você vai gostar. Tenho os últimos lançamentos das melhores bandas do mundo. Adoro ouvi-los! – disse com satisfação.

A tarde transcorreu tranqüila. As meninas logo se entrosaram. Lívia, Eunice e Vitória trancaram-se no quarto e ouviram cds a tarde toda. O quarto das meninas em quase nada diferia do seu, a não ser pela simplicidade e organização impecável. Ali não havia camisetas jogadas pelos cantos, objetos espalhados sobre as camas, nem sapatos atrapalhando a passagem de quem quer que fosse. Lívia espantou-se com a organização das meninas e lembrou-se de que ultimamente, depois da ordem enérgica da avó quanto a manter seus quartos em ordem, até mesmo ela estava conseguindo ser mais organizada. *"Também – pensou ela rapidamente – se eu não deixar tudo arrumado Josefa não limpará o quarto... morro de medo de aranhas!"* Possuíam um computador, um bom aparelho de som e até mesmo um videocassete só para elas. Duas camas de madeira fortes e rústicas estavam repletas de ursinhos e almofadas coloridas espalhadas sobre elas. Uma estante recheada de livros era o que diferia incondicionalmente do seu quarto. Lívia procurou ficar bem afastada dela. Queria evitar o assédio de Eunice com suas perguntas literárias. No entanto, seus ídolos musicais eram praticamente os mesmos. Lívia ficou impressionada com a simpatia de Vitória e também com a simplicidade da vida que aquela família levava. Intrigada, resolveu perguntar:

— De onde vocês conhecem meus avós e meus pais? – indagou curiosa.

— Minha mãe fez a mesma faculdade que a sua. Conheceram-se ainda jovens e antes de se casarem pelo que sei. – disse Vitória. – Depois a amizade continuou. Quando se formaram, minha mãe e meu pai optaram por morar no campo e vieram para cá. Vivemos aqui desde então. Antes de papai sofrer aquele acidente, nossa vida era um pouco melhor, podíamos ir à cidade sempre que quiséssemos. Mas agora ficou um pouco mais difícil. – A menina fez uma pausa e respirando fundo, continuou – Se Deus quiser, em breve papai estará curado e tudo será diferente.

— Mas o que seus pais fazem aqui, digo, do que vivem nesse lugar tão distante de tudo? – perguntou Lívia.

— Criamos coelhos! E olha que são os melhores da região! Vendemos a carne, a pele, os filhotinhos. Tudo. Papai é quem negocia com os compradores. Mamãe faz as entregas. Graças a Deus não nos falta absolutamente nada. Vivemos muito bem aqui. Não nos falta absolutamente nada, mesmo!

— Desculpe a pergunta – arriscou Lívia. – Mas se... se não são... pobres, por que Josefa mandou aquela enorme caixa de mantimentos?

As duas irmãs se entreolharam espantadas com a pergunta. Percebendo o total desconhecimento de Lívia sobre a caixa, riram. Depois, calmamente, Vitória controlando-se disse:

— Ah, sim, a famosa caixa da Josefa! Não, não! Ela não é para nós Lívia. – disse Vitória meneando a cabeça. – Tia Josefa, vovó e mais alguns amigos colaboram conosco na "coleta de ajuda".

—Coleta de ajuda! O que vem a ser isto? – perguntou Lívia.

Vitória levantou-se e abaixou um pouco o volume do som. Sentou-se novamente em frente a Lívia e disse:

— Bem, logo que meus pais vieram para cá, ingressaram numa espécie de Fraternidade. *Fraternos* é o nome como são conhecidas as pessoas que fazem parte desse grupo. Mensalmente arrecadamos inúmeras caixas como aquela e distribuímos aos necessitados. Esta é uma região agrícola, mas existem muitas famílias bastante necessitadas. São homens e mulheres que, por algum motivo, se tornaram impossibilitados de trabalhar e que vêm passando por sérias necessidades materiais. O conteúdo daquelas caixas muitas vezes significa a saúde, a vida de muitas pessoas de bem. Você não imagina a alegria com que muitas crianças vêm ao nosso encontro, correndo com sacolinhas na mão à espera de um alimento mais substancioso. As caixas da Fraternidade já salvaram muitas vidas que hoje, novamente estruturadas, fazem parte de nosso grupo também.

Lívia ouvia a tudo boquiaberta. Jamais poderia imaginar tal coisa. Observava Vitória falar e seus pensamentos rodopiavam indo e vindo. Parecia estar diante de um gigante, tamanha era a sensação de pequenez que sentia no momento. Os olhos de Vitória haviam adquirido um intenso brilho, tornando sua fisionomia ainda mais bela e serena a cada palavra proferida.

— Eu também ajudo! – disse animada a pequena Eunice. – Converso com as crianças da minha idade e assim fico sabendo de tudo o que elas precisam e sentem vontade de comer e ter. Já disse para o papai que quando eu crescer, quero ser médica, para ajudar ainda mais as pessoas. – completou com orgulho, dando pequenos pulinhos na cama.

— É Eunice tem sido muito útil, mesmo! Na última entrega das sacolas, ela ficou sabendo que a filha de um lavrador estava adoentada, "embichada" como eles dizem aqui para as crianças que possuem muitos vermes na barriga, de tanta vontade de comer sucrilhos, pode? A coitadinha chegou a ter febre por vários dias. Graças à ajuda de Eunice, a pobre menina recebeu uma enorme caixa de sucrilhos e é claro, remédios para desverminação. Os olhinhos dela brilhavam quando saiu correndo agarrada à caixa das delícias – disse a jovem com o olhar perdido entre as lembranças.

— Nunca imaginei que alguém pudesse ficar doente por vontade de comer alguma coisa –, disse Lívia espantada com essa real possibilidade. – Nunca mesmo! Cada uma que se vê! Se eu contar ninguém vai acreditar nisso!

Vitória parou por um instante. Seus pensamentos pareciam estar distantes, longe daquele quarto, como a rever aquele impressionante quadro da pequena e a caixa de sucrilhos. Depois, continuou:

— Pois é. Você só tem idéia do quanto é feliz quando se depara com a infelicidade dos outros. Mamãe sempre diz que Eunice e eu, somos privilegiadas, pois temos a oportunidade de aprender a dar valor às coisas simples da vida, sentindo a falta até mesmo do simples, na família alheia. Baixou a cabeça e disse com voz pausada. Leio e releio os livros que vovó nos manda e cada vez mais sinto que o que fazemos, é ainda muito pouco, perante toda essa desigualdade de condições. Em nosso Evangelho no Lar, oramos para que a revolta não corroa o coração daqueles que não conhecem as verdades da vida após a morte, para que eles não percam nunca a esperança. É, Lívia! Você pode se considerar uma menina de sorte.

— Eu? Por quê? – Indagou ela desconfiada de que Vitória fosse lhe cobrar o fato de ser mais rica do que ela, ou coisa do gênero. Um tanto armada, ficou à espera da resposta.

— Sim. Você tem muita sorte – reafirmou ela. –Você possui avós maravilhosos a seu lado. Mamãe sempre nos conta que somente depois que conheceu seus avós, é que conseguiu entender muitas coisas nesta vida. Foi através de vovó Carmem e vovô Luiz, que ela e o papai conheceram o Espiritismo. No seu caso, já nasceu dentro dele. Não é mesmo?

Aliviada e um tanto envergonhada pelo pensamento anterior, Lívia ousou perguntar:

— E você? Você é feliz assim? Digo, feliz longe de tudo, isolada da cidade, longe das novidades e vivendo neste lugar quase esquecido do mundo? Tudo bem que é um lugar bonito, mas não tem nada para fazer, não acha? – perguntou Lívia pasma pelas palavras de Vitória.

Vitória entendeu de pronto que Lívia não possuía ainda em seu espírito a semente da solidariedade. Sentiu compaixão daquela alma que lhe pareceu tão vazia de sentimentos. Olhando-a com ternura disse:

— A felicidade tem várias formas de se manifestar, Lívia. Sou feliz quando nasce uma nova ninhada de coelhinhos, por que eles são o sustento de minha família. Sou feliz quando mamãe me faz um carinho, porque sei que sou amada. Sou feliz quando leio um bom livro, por que sei que estou adquirindo conhecimento para meu espírito e minha vida futura. Sou feliz quando converso e rio com minhas amigas, porque sei que posso contar com a amizade sincera delas. Sou feliz quando ouço os meus cds, por que adoro ouvir músicas e dançar. Sou feliz com a felicidade alheia, porque de alguma forma, essa felicidade também me contagia. Sou feliz quando vejo Beto aos domingos e podemos namorar tranqüilamente.

Lívia não interrompia Vitória, muito pelo contrário, absorvia cada palavra, cada suspiro daquela jovem tão diferente de todas que já haviam cruzado sua vida. Sentada entre as almofadas da cama da jovem, deixava que aquelas palavras lhe penetrassem a alma, como que alertando-a de que alguma coisa estava muito errada dentro dela.

— Quando às vezes , por algum motivo, meu astral baixa e aquela nuvenzinha negra começa a querer aparecer, procuro correndo algo para fazer, ocupo meu pensamento e o corpo com alguma coisa útil. E logo, logo fico legal. Agora por exemplo, me sinto muito feliz com a visita de vocês aqui. Como vê, a felicidade está em todos os lugares e não é alguma coisa inatingível e distante como possa parecer. Na verdade, eu até poderia ser feliz fazendo compras no shopping, como realmente fazemos vez por outra, mas isso com certeza, se virasse rotina, se esse fosse meu único objetivo, me cansaria e acabaria por se tornar alguma coisa muito maçante. Claro que gosto de dançar e me divertir, mas não todos os dias e todos os finais de semana. Eu... Eu não saberia viver assim tão... futilmente – disse Vitória tomando as mãos de Lívia entre as suas. – Não seremos jovens e adolescentes a vida toda. Se comermos pizza todos os dias, ou enjoaremos dela ou ficaremos viciadas e gordas, concorda comigo? – disse rindo muito.

Depois de uma pequena pausa ela continuou: – Eu costumo ir com calma em tudo o que faço, para depois não me arrepender no futuro. – E, percebendo a cara de espanto de Lívia, disse: – Ei! Ei! Calma aí! Não sou nenhuma alienígena não! Sei apenas o que quero para mim. É só uma questão de escolha e nunca foi uma imposição de meus pais ou quem quer que seja! Gosto de viver aqui. Pode crer, Lívia!

A pequena Eunice que parecia estar desatenta àquela conversa, adiantou-se para afirmar também suas convicções.

— Eu também. Eu também! –, disse ela fazendo trejeitos.

— Vou para a faculdade me preparar. Nossos planos, meus e de Beto, são os de construir aqui um pequeno hospital. Algo pequeno, mas que possa servir bem toda essa gente sofrida. Ele se forma daqui a um ano e já temos tudo muito bem planejado. Vamos nos casar assim que ele se formar. Beto já comprou o terreno para a construção e se nada der errado, moraremos lá mesmo. Sei que não será fácil ir e vir todos os dias para a faculdade, mas o que é fácil nesta vida, não é mesmo?

Nesse momento dona Carmem entrou no quarto chamando a neta.

— Vamos minha querida! Vovô precisa voltar antes que anoiteça.

— A senhora disse que ia comer a torta de amoras – resmungou a pequena.

— Sim, é claro! Antes de ir quero que você me sirva um bom pedaço de torta. Está bem? –, respondeu abraçando Eunice que pulara em seu pescoço, qual uma gatinha manhosa buscando carinho.

Na volta para a fazenda de tio Henrique, Lívia permaneceu quase todo o trajeto calada. Os avós vieram conversando animadamente sobre a visita aos amigos. Dona Carmem percebeu que a neta ficara visivelmente impressionada com a visita e que, de alguma forma, seu objetivo havia sido atingido. Lívia por sua vez, não conseguia esquecer as palavras de Vitória. Jamais poderia imaginar que naquele fim de mundo, houvesse pessoas como aquela família. E Vitória? Era tão jovem, apenas alguns anos mais velha que ela, tão bonita que seria capaz de tomar o namorado de todas as suas amigas do colégio e... mais madura do que todas elas juntas! Como conseguia ser feliz vivendo daquela forma? Vitória afirmara não só com as palavras, mas principalmente com o coração, que era feliz ali. Como podia não sentir falta da cidade, das lojas do shopping, das danceterias na sexta à noite, de um telefone que fosse? E o tal Beto? Namorar somente aos domingos? Que espécie de namoro poderia ser esse dentro de casa? Fazer parte de uma *Fraternidade* nessa idade! Não, seu cérebro não conseguia assimilar tudo isso assim de repente. *Se contasse para a Roberta ela não acreditaria nisso! – pensou. Vai achar que a garota é débil mental, com certeza!*

No fundo, sentira uma ponta de inveja de Vitória e de suas convicções. E por que seus avós nunca falaram dela antes?

Assim que chegaram dona Carmem e doutor Luiz foram ter com a filha e o genro na sala de estar.

Lívia, ainda calada, dirigiu-se ao quarto para descansar e colocar os pensamentos em ordem. Sentia-se mal e não conseguia entender o porquê. Sentia-se estranhamente vazia.

Atirou-se na cama de todo o comprimento afundando a cabeça no macio travesseiro de penas.

FANTASMA?

O quarto estava na penumbra. O dia começava a morrer dando lugar a uma noite repleta de estrelas. Em poucos segundos o sono tomou conta dela.

Um vulto aproximou-se, então, vagarosamente. Tinha um largo sorriso nos lábios e a fisionomia serena de missão quase cumprida. Era tio Henrique. Afagou os cabelos da menina e desapareceu na escuridão.

No quarto ao lado os meninos acabavam de sair do banho. Enrolados em grossas toalhas reviravam suas malas à procura de suas roupas.

De repente um estalido forte e um ranger estranho seguido de um Uiiiiiii!!! grosso e meio entalado, os fez parar.

— Que é isso? – perguntou Dezinho espantado.

— Não sei. Parece ter vindo daquele lado. – disse Lelinho apontando para a porta que ligava o quarto deles ao da irmã.

— Vamos ver – disse Lelo sussurrando.

— Eu não vou não! Vai você que é mais velho. – respondeu Dezinho afastando-se mais da porta.

— Eu vou! Fique aí seu maricas! – resmungou Lelo.

Vagarosamente Lelo se aproximou da porta tentando ouvir mais de perto. Chamou pela irmã, uma, duas vezes e... nada. Espiou pela fechadura e ... Lívia dormia feito um anjo. Um novo ruído ainda mais forte e um novo gemido parecendo vir das profundezas do além o fez pular e correr para junto do irmão tropeçando na mala que, ao se abrir, espalhou suas roupas pelo quarto.

Enrolados ainda nas toalhas saíram correndo pelo corredor tropeçando um no outro até a sala. Suas fisionomias estavam lívidas. Os olhos esbugalhados demonstravam o pavor que estavam sentindo naquele momento.

— Mamãe! Papai! Corram! Tem alguma coisa no quarto da Lívia – gritou Dezinho quando pôde por fim falar.

— Tem sim! – reforçou Lelo esbaforido. – E é grande! Deu um gemido pavoroso!

O pai, a mãe e o avô correram até o quarto. Acenderam a luz e... nada. Lívia dormia tranqüila em sua cama e tudo estava na mais perfeita ordem.

Os meninos entreolharam-se sem nada entender. Suas bocas abertas custavam a acreditar que nada houvesse acontecido naquele quarto.

— Mas... e o barulho que ouvimos? – perguntou Lelo inconformado com a não presença talvez, de uma onça, um leopardo, um fantasma ou qualquer outra coisa do gênero – Eu ouvi!

— Eu ouvi também! Eu ouvi também gente! – dizia Dezinho segurando fortemente na mão da mãe.

— Bem, pelo que estamos vendo... – disse o avô – nada aconteceu aqui. Talvez tenha sido lá fora. Acalmem-se, meninos! Vamos averiguar já esse tal barulho.

Os dois homens empurraram a veneziana e espiaram

para fora. Tudo em silêncio. Nada havia de anormal.

— Aqui não tem nada, crianças! – falou o pai.

— O que está acontecendo? Por que todo mundo resolveu vir ao meu quarto? – disse Lívia que acabara de acordar e não estava entendendo nada.

— Nada, nada, querida. Seus irmãos estão escutando barulhos demais. Vão se vestir para o jantar, meninos! – disse o pai virando-se para eles. – Esses meninos! Pensei que tivesse criado dois machos mas, pelo que vejo são dois machucados!

— Qual é, pai? – disse Lelinho. – Se fosse o senhor também ia se assustar!

— Tudo bem, crianças! Não tem nada aqui. Vamos, vão acabar de se vestir. – disse a mãe rindo enquanto empurrava os dois para fora do quarto.

Apagaram a luz do quarto, fecharam a porta e Lívia acompanhou os pais e o avô até a sala.

— Ufa! Desta vez foi por pouco! Não quero que as crianças se assustem comigo. Preciso dar um jeito nisso, – pensou tio Henrique olhando desolado para a cadeira de balanço que acabara de quebrar quando ele se sentara nela. Passou a mão nas nádegas doídas e gemeu novamente. – Acabei com a coitada! Tantos anos me embalando e agora... Desta vez não perceberam nada, mas se Carmem estivesse junto... não sei não, não sei não! Estou gordo, pesado demais. Às vezes não consigo controlar minha energia como devia. Talvez com o tempo eu fique mais leve, sei lá, acho que a palavra não é leve, deve ser fluídico ou coisa parecida. Preciso aprender a me controlar mais. Não quero assustar as crianças, já chega o que tenho aprontado sem querer com esse pobre pessoal da fazenda.

Ainda inconformados os meninos contaram para a

avó, durante o jantar, sobre o barulho que ouviram no quarto de Lívia.

Dona Carmem acalmou os netos dizendo se tratar talvez de madeira estalando no forro.

— Crianças! Não se preocupem tanto! O forro desta casa é de madeira e bastante velho. Talvez tenha sido apenas a acomodação da madeira à noite. Durante o dia ela se expande e à noite... retrai-se, não é querido? – disse acariciando a mão do esposo.

— Sim, é bem possível que tenha sido isso mesmo. Carmem tem razão! A madeira trabalha durante a noite provocando estalidos.

— Viram? Esqueçam isso agora senão não conseguirão dormir imaginando coisas. – disse a mãe.

— Tudo bem, mas vá se acomodar assim lá longe! – desabafou Lelo.

Todos riram da colocação do menino.

— Como foi seu passeio, querida? – perguntou o pai para Lívia. – Gostou das meninas?

— Você também conhece Vitória e Eunice, papai? – perguntou ela interessada.

— Sim e não. Conhecemos Vitória. Eunice não. A última vez que a vimos ela devia ter uns... nove ou dez anos eu acho, não é querida. – disse ele dirigindo-se para Maria Clara.

— É. Foi quando ela esteve passando uns dias na casa de Tia Judite. Lembro muito bem dela. É uma menina encantadora. Tio Henrique gostava muito dela. Dizia ser a filha que nunca teve, coitado. Mas a menorzinha nós não conhecemos ainda.

— Está crescida agora. Tem as feições da mãe. Os mesmos cabelos ruivos e o olhar cheio de vivacidade como os de Sofia. – disse dona Carmem.

— Ela diz que quer ser médica quando crescer. – completou o avô sorridente. – Teixeira me disse que ela tem interesse por tudo que diz respeito a essa profissão. Pede ao pai para trazer da cidade revistas sobre esse assunto, acreditam? Disse a ele que devem ser reminiscências de outras encarnações. Talvez a pequenina tenha sido médica no passado, não acham? – completou ele.

— Se a tendência a essa profissão é assim tão forte como você nos diz, querido, com toda a certeza teremos uma médica no futuro circulando novamente por aí.

— E Vitória? Ela já sabe que profissão deseja exercer no futuro? – perguntou Maria Clara ao pai.

— Parece que deseja ser Assistente Social. Ela tem ajudado os pais na *Fraternidade* e, pelo que soube, tem se saído muito bem até agora. A novidade é que já está de namoradinho e a coisa parece séria mesmo. Teixeira me disse que o rapaz também faz parte do grupo. Conheceram-se num dos encontros do Grupo de Jovens Espíritas do Paraná. É estudante de medicina e tem sido de grande ajuda ao pessoal de lá. Teixeira está feliz com o andamento das coisas. As duas filhas são suas preciosidades.

Lívia ouvia atenta a conversa dos pais e dos avós. Queria saber mais a respeito daquela família e, principalmente de Vitória. Por duas vezes pediu com energia para que os irmãos parassem de se cutucar e falar tanto durante o jantar. Queria prestar atenção a tudo o que o avô dizia.

— Gostaria de rever Sofia e Teixeira – disse Maria Clara, com o olhar perdido no horizonte das lembranças. – Fomos companheiras durante anos! Lembra-se mamãe, de quando virávamos a noite estudando para as provas?

— Claro! Como poderíamos esquecer. Vocês não nos deixavam dormir! Mais conversavam e riam do que estudavam na verdade. – disse dona Carmem.

— Depois que eles se casaram mudaram para cá e poucas foram as vezes em que tornamos a nos ver. Foi uma amizade gostosa, a nossa. Depois, a vida se encarregou de mudar nossos caminhos, mas as lembranças daquele tempo continuam vivas em minha mente.

— Bem, a vida mudou seus caminhos, minha querida, mas deixou o endereço dos amigos, não é verdade? – disse a mãe. – Veja. Eu e seu pai não nos afastamos deles. Continuamos a manter contato até os dias de hoje. Sofia e Teixeira são duas criaturas muito especiais para se deixar perder no tempo. Tudo na vida é uma questão de prioridade, como sempre digo. Se alguma coisa é realmente importante para nós, com toda a certeza nós acharemos um tempinho para fazer. Se essa amizade lhe traz boas lembranças, reviva-a novamente. Teixeira perguntou muito por você, meu genro. – contou dona Carmem dirigindo-se a Paulo. – Por que vocês não tentam reanimar essa amizade tão boa?

— A senhora tem razão quando diz que tudo é uma questão de prioridade, minha sogra. Hoje mesmo eu e Maria Clara estávamos falando a esse respeito. Muitas vezes deixamos tantas coisas de lado sem notarmos o quanto elas são importantes em nossa vida e acabamos por deixar que o azedume do dia a dia estrague o perfume do bem viver.

— Pois então! O que estão esperando para pôr em prática o que já sabem de cor? – perguntou rindo muito doutor Luiz. – Vamos lá! Façam uma visita aos velhos amigos! Tenho certeza de que não se arrependerão.

— Eles tem filhos, vovô? – perguntou Dezinho.

— Não, meu querido, apenas filhas! Lindas meninas!

— Pôxa! Meninas não! – respondeu ele emburrado. Eu não vou! Eu não vou!

— Nem eu! Vou sair com Olarinho amanhã. – disse Lelo. – Já tenho compromisso marcado. Vamos na casa de um amigo dele, um tal de Nestor não sei do quê.

— Na casa do Nestor? – perguntou a avó interessada.

— É, parece que ele tem que pegar uns negócios lá. Não disse direito o que é. – respondeu o neto.

Os avós se entreolharam. Dona Carmem piscou para o esposo satisfeita. Doutor Luiz sorriu para ela adivinhando seus pensamentos.

Depois do jantar todos se reuniram na varanda para tomar o café e suco. A noite estava quente e gostosa. O luar iluminava o jardim, fazendo com que parecesse que pequenas lâmpadas haviam sido acesas por detrás das folhas das árvores. O reflexo delas no chão parecia ter vida com o soprar leve da brisa noturna. O silêncio, entrecortado pelo piar da coruja, trazia a sensação de paz ao coração.

Josefa deixou rosquinhas de nata quentinhas na bandeja e retirou-se em sua casa para o merecido descanso.

Lelo e Dezinho sentaram-se ao lado do avô para jogar xadrez.

— Interessante – disse Maria Clara baixinho ao ouvido da mãe – Lívia está calada demais, mamãe. O que houve com ela? A senhora sabe de alguma coisa que eu não sei? – indagou a filha.

Dona Carmem, relembrando-se da conduta da neta durante a viagem de volta, muito calada e com o olhar distante disse:

— Não tenho certeza, mas acho que foi a visita que

fizemos hoje – respondeu pensativa. – Esta manhã – falou sussurrando – vi seu tio Henrique no jardim. Estava ali, de pé diante daquela árvore e me sorriu. Senti que gostaria que levássemos Lívia conosco na visita à Sofia. A princípio não consegui entender o por quê, mas agora sinto que esse passeio mexeu muito com ela. Percebeu o interesse dela em nossa conversa hoje, durante o jantar?

— Hum, hum... percebi sim. – respondeu Maria Clara. – Alguma coisa aconteceu por lá, mamãe!

— Penso que Vitória, com seu modo simples de encarar a vida e com suas palavras sempre tão claras e decididas, impressionou por demais nossa menina. Henrique sempre elogiou a conduta irrepreensível de Vitória. Dizia tratar-se de um espírito muito elevado aquele que habita o corpo daquela jovenzinha. Tenho certeza que de alguma forma meu querido irmão está nos ajudando nessa nossa empreitada, minha filha.

— Espero que sim, mamãe, espero que sim! – disse Maria Clara afagando a mão da genitora.

— Antes de voltarmos embora da casa de Sofia pedi a Vitória que viesse nos visitar no final de semana. – disse dona Carmem com o olhar perdido entre as estrelas no firmamento. – Sinto que essa será uma visita de grande valia para Lívia.

Maria Clara sentiu-se aliviada com as palavras da mãe. Em seus guardados mentais revia a filha, sempre tão volúvel em suas decisões e aptidões. Lívia não se preocupava com nada que realmente não lhe dissesse respeito direto e imediato. Poucas, mínimas, foram as vezes em que percebeu na filha algum interesse pelos sentimentos alheios. Quando pequenina ainda, ouvia os conselhos da mãe. Acompanhava-os nos passeios e parecia apreciar a companhia dos pais e irmãos. Mas, agora, na adolescência... *Meu Deus! – pensava ela – tudo mudara, mudara rápido demais!* A princípio haviam pensado, ela e o esposo, tratar-se de algo passageiro. No entanto, as exigências pessoais da filha tornaram-se maiores do que os deveres para com a família. E, havia Roberta. A amizade com Roberta afastara definitivamente Lívia da família. Proibi-la dessa companhia havia se tornado praticamente impossível! Depois, o problema não era a figura de Roberta ou quem quer que fosse mas, sim, a falta de bagagem espiritual de Lívia, a falta de objetivos, a falta de interesse em assimilar ou mesmo ouvir os conselhos maternos que a filha vinha demonstrando mais e mais. As brigas em família haviam afastado a possibilidade do diálogo franco. Repentinamente, a filha meiga e solícita transformara-se em uma espécie de estranha ditadora de normas e condutas radicais. O pai e a mãe passaram a ser tachados de ultrapassados, caretas e seus conselhos somente eram obedecidos mediante ameaças. Isolara-se em seu mundo particular, trancara a porta de entrada e jogara a chave fora. Maria Clara sofria muito com o isolamento da filha. Por vezes recolhia-se em seu quarto e chorava por horas a fio sem encontrar uma solução para toda aquela espécie de revolta sem sentido pela qual a filha estava passando. Indagara-se nos mínimos detalhes dessa relação e não encontrara respostas para esse afastamento sem sentido. Lívia parecia preferir tudo, menos a companhia dos pais e irmãos.

— É, – disse depois de um grande suspiro – não é fácil criar os filhos! Sinto-me tão perdida, mamãe! – desabafou a jovem senhora. – Quando são pequeninos tudo é tão mais fácil, tão prazeroso... depois é um infindável o quê fazer!

Percebendo a amargura que invadia o coração da

filha, dona Carmem afagou-a como que tentando aliviar seu coração naquele momento e disse:

— Todas as mães sentem o mesmo, minha filha. Sabe, minha saudosa mãe, já lá no seu tempo, costumava dizer "ser mãe é padecer no paraíso", lembra deste ditado? – disse rindo. – Pois é, minha querida, todas padecemos, de uma forma ou de outra, todas padecemos nesse "famoso paraíso" que é ser mãe.

— É muita responsabilidade para um simples mortal encaminhar os filhos... – falou Maria Clara com os olhos marejados pela lembrança do quanto amava a filha e do quanto a sentia distante agora. Sentia-se relegada a um plano tão inferior, tão sem importância que seu coração chegava a doer muitas vezes. Limpando uma lágrima furtiva continuou: – Hoje sinto o peso dessa responsabilidade oprimindo meu coração, mamãe. Lelo, Dezinho, Lívia... três destinos, três espíritos que se dirigem rápidos por caminhos que não sei onde chegarão. São tão diferentes, tão...

Dona Carmem interrompeu a filha dizendo:

— Não, não, não! O que é isso? Paulo e você são excelentes pais! O exemplo na vida dos filhos é arma eficaz hoje e sempre! Por mais que pareçam não enxergar, os filhos percebem e captam o exemplo dos pais! – disse ela acalmando o coração da filha. – A adolescência é uma fase bastante difícil na vida dos jovens. Os hormônios estão à flor da pele, a expectativa de serem ou não aceitos no grupo do qual fazem parte e a insegurança quanto ao futuro também os fazem sofrer de alguma forma. Talvez por isso estejam sempre tão agitados e arredios, mas, ela é passageira, graças a Deus! – disse dona Carmem sacudindo as mãos para o alto. – A paciência em ouvir seus devaneios, minha filha, com amor, sem atropelar os sentimentos confusos que carregam como verdades definitivas, e a vigilância velada farão com que consigam superar suas inseguranças tornando-se homens e mulheres realmente capazes de caminhar sozinhos.

Maria Clara ouvia a mãe como quem ouve um sábio falar. Olhava a figura segura da genitora a falar mansamente e recordava das tantas e tantas vezes que a julgara tão ultrapassada em sua adolescência. Como que percebendo os pensamentos da filha completou:

— Foi assim com você, lembra-se? Foi assim também com seu irmão e será assim com os seus filhos e com os filhos deles, quando os tiverem. – disse rindo.

— Mamãe, você faz tudo parecer tão simples e eu sei que lhe demos muito trabalho. – disse ela, como se estivesse pedindo desculpas tardiamente.

— Não, querida, não é tão simples mas também não é um bicho de sete cabeças, ora essa! Na verdade, esse bicho tem apenas duas cabeças – falou sorrindo. – Uma delas se chama amor e a outra se chama exemplo. Com o amor encontramos soluções para todos os males e com o exemplo iluminamos o caminho a seguir.

Um enorme e proveitoso silêncio se fez entre elas. O luar refletia no chão da varanda a silhueta das duas mulheres agora, caladas, conjecturando sobre suas vidas.

Encostado em uma das pilastras do alpendre, tio Henrique as observava com carinho.

— "Ah minha irmã! Você não imagina o quão sábias foram suas palavras e o quanto surtirão efeito na alma apreensiva de minha sobrinha. Prometo ajudá-la, Carmem! Farei tudo o que estiver ao meu alcance para despertar nessas crianças o interesse pela vida espiritual, seja lá como for! Prometo!"

Desajeitado, como sempre fora de seu feitio, e

empolgado com a idéia da futura ajuda, bateu sem querer com a cabeça na enorme samambaia pendurada à sua frente fazendo-a balançar fortemente para lá e para cá, entornando no chão, a água contida no suporte.

— O que foi isso? – gritou Lívia correndo para junto da mãe. – Não está ventando nem nada! Como esse vaso pode ter balançado desse jeito?

Eu disse que tem alguma coisa estranha nesta casa! – concordou Lelo olhando assustado para o pai e o avô.

— Credo, mamãe! O que terá sido isso? – indagou Maria Clara apreensiva.

— Estranho mesmo! – O que terá sido? – disse Paulo reforçando a pergunta da esposa. – Parece que alguém ou alguma coisa bateu fortemente no vaso!

— Bem... talvez alguma ave noturna tenha batido no vaso – disse ela sem se afetar com o ocorrido. – Vocês estão dando asas à imaginação, crianças! Aqui nós não temos fantasmas, ou... pelo menos nunca fiquei sabendo de nenhum que seja tão desajeitado assim, não é mesmo querido – completou, sorrindo para o esposo.

— É, que eu saiba, nenhum tão desajeitado, querida. – disse ele com um arzinho de desconfiança.

— Ai, vovô! Desse jeito o senhor vai nos deixar com medo! – resmungou Dezinho que ainda estava agarrado à camisa do pai.

Todos riram do comentário franco do pequeno.

— O vovô estava só brincando, querido! Só brincando! – disse doutor Luiz dando uma gostosa gargalhada. – Não precisa ficar com medo não! Venha cá, meu pequeno. Sente-se aqui no colo do vovô. – disse estendendo a mão em direção ao neto.

Sentado no colo do avô, Dezinho perguntou ainda assustado:

— Fantasmas existem vovô? Digo, existem mesmo ou... não?

— Não sei se é uma boa hora para se falar disso, visto que à noite como diz o ditado, tudo parece pior do realmente é. Mas, se quiser fazer essa mesma pergunta amanhã durante o dia, o vovô responderá com todo o prazer, está bem? Por enquanto, que tal tomarmos um chocolate bem quentinho lá na cozinha e depois pularmos para debaixo das cobertas? Pelo frio que está fazendo e pelo céu estrelado desta noite, acho que teremos uma boa geada amanhã.

— Concordo plenamente! – disse Maria Clara dando o braço para o pai. – Vamos, meu querido? – falou piscando um olho para o esposo.

Já debaixo dos grossos acolchoados de lã, reunidos todos no mesmo quarto depois do incidente com o vaso, Lívia, Dezinho e Lelo deram larga margem a divagações sobre o ocorrido.

No quarto ao lado, Maria Clara e Paulo dormiam abraçados como há muito tempo não faziam.

Dona Carmem e doutor Luiz permaneciam ainda se aquecendo ao redor do fogão, na cozinha.

— Ele está aqui – disse ela ao esposo, baixinho – Eu o vi hoje à tarde e senti sua presença agora à noite na varanda.

— Sim, eu percebi, querida. Senti vontade de rir no episódio do vaso. – disse rindo baixinho – Henrique continua o mesmo! Nem mesmo a desencarnação conseguiu consertá-lo! Coitado! Sua cabeça deve estar doendo! – gargalhou. – Ouvi conversas pela fazenda.... dizem que algumas pessoas o têm visto pelos campos, no jardim, nas cocheiras e é claro, na casa. Josefa deu a entender que ele é presença quase que semanal aqui. Alguns objetos aparecem quebrados, como antigamente, como na época em que ele ainda estava entre nós, sabe como é?

— Sei, sim! Judite não se cansava de repor vasos, cadeiras... Henrique continua o mesmo! – disse rindo. – Bem, não é porque deixamos o corpo de carne que nos tornamos outra pessoa, não é mesmo?

— Concordo! Quando eu me for, com certeza virei esquentar meus pés nos seus, pode esperar! – disse puxando dona Carmem pelas mãos. – Vamos deitar que estou congelando!

— Você que se atreva! – disse ela dando um tapinha no braço do esposo. – Vou querer a cama só para mim. Finalmente não irei mais precisar ficar brigando pelas cobertas durante a noite. Você que trate de se ajeitar por lá mesmo! – completou rindo.

De fato, na manhã seguinte os campos amanheceram completamente cobertos por uma fria e fina camada de gelo.

Lívia esticou a mão para fora das cobertas lentamente.

— Brrrrr! Que frio! Hoje eu não saio da cama por nada! – disse esticando o pescoço para ver se os irmãos já haviam levantado.

Apenas Dezinho ainda dormia. A cama de Lelo estava vazia.

Remexeu-se na cama procurando esquentar-se mais.

Percebeu que um pequeno aquecedor fora colocado logo à entrada, próximo à porta do quarto. Lívia logo imaginou ter sido sua avó, a benfeitora. Virou-se para o lado e tornou a adormecer tranqüilamente.

O AMIGO NESTOR

— Já de pé, meu filho? – perguntou Paulo que havia ido até a cozinha apanhar uma xícara de café para levar para a esposa que ainda estava debaixo das cobertas.

— Bom dia, papai! Eu vou sair com Olarinho, lembra? – disse ele tiritando de frio. – Ele já deve estar chegando, se bem que com esse frio não sei não se ele vai aparecer tão cedo – disse se aproximando do fogão, onde grossos pedaços de madeira ardiam irradiando um gostoso calor.

— Agasalhe-se bem, meu filho! Nós não estamos acostumados com geadas! Não esqueça de colocar suas luvas, está bem? – disse o pai.

— Hum, hum... eu já as coloquei em meu bolso. Não sou louco de sair lá fora sem me agasalhar muito bem. – e procurando pelo avô perguntou: – Cadê o vovô, ele ainda não se levantou?

— Quando cheguei aqui ele estava saindo com Dionízio. Acho que foram até à estrebaria buscar o leite para Josefa. – disse Paulo ao filho. – Não deixe de tomar seu café antes de sair, filho. Nunca se sabe quanto tempo vão demorar na casa do Nestor, tudo bem? Agora vou voltar para debaixo das cobertas! Meu Deus que dia frio! – resmungou enquanto voltava para o quarto.

— Tá bom. – disse o menino – Josefa! – gritou ele – Cadê aqueles bolinhos de ontem?

— Bolinho de ontem? – perguntou ela debochando do menino – Aqueles onde foram já chegaram! – disse dando uma gargalhada. – Eu fiz outros hoje, estão bem fresquinhos e quentinhos! Venha cá! Pegue aqui um punhado para comer e levar também. Coloque aqui, – disse mostrando um saquinho de plástico – se der fome você não passa aperto, está bem?

— Obrigado! – disse Lelo agradecido enquanto tentava enfiar o saco plástico no bolso da jaqueta.

Poucos minutos depois Olarinho chegou esfregando as mãos para afugentar o frio. Depois de cumprimentar Lelo disse à mãe:

— Deixei a porta da cozinha encostada, mamãe e o leite já está coado. Enchi o cesto de lenha para a senhora e acendi o fogo. Precisa que eu faça mais arguma coisa? – perguntou.

— Arguma coisa não, Olarinho! É *alguma* coisa, mocinho! – disse repreendendo o modo de falar do menino. Depois, sorrindo, disse: – Não, querido! Pode ir com seu amigo agora.

— Então vamos – disse ele virando-se para Lelo. – Trouxe as bicicletas. Com esse frio a gente vai se esquentar pedalando! Falei certo, mãe? – gritou ele da porta.

— Falou, moleque, falou! – disse ela. – Vão com cuidado! A estrada fica lisa com a geada. Não corram demais! – recomendou ela.

A casa de Nestor ficava distante da fazenda mais ou menos uma hora. O vento frio parecia chicotear o rosto dos meninos. Lelo por várias vezes precisou parar para descansar as pernas. Os bolinhos de Josefa vieram a calhar.

Depois de longo tempo pedalando, surgiu tímida, do meio da mata densa, a pequena choupana de Nestor.

— É aqui! – disse Olarinho. – Ele já tá esperando. Toda terça eu venho aqui.

— Por que toda terça? – perguntou Lelo curioso.

— Nestor faz cestos. Cestos de taquara e palha seca – explicou ele – e eu vendo para ele na cidade. Não pagam muito, mas já dá prá semana. Às veiz ele prefere trocá por comida. A família dele é meio grande, sabe como é. Gastam muita comida.

— Ah! entendi – respondeu Lelo sem na verdade entender muito porque o próprio Nestor não saía ele mesmo para vender os cestos.

— Ô de casa! – gritou Olarinho do portão.

Uma voz rouca respondeu lá de dentro:

— Pode entrá, Larinho! A porta tá aberta.

Quando a porta se abriu e os meninos entraram, Lelinho estancou de repente. Uma figura franzina misturada em meio a um amontoado de cestos e taquara desfiada, muito sorridente, os recebeu com alegria.

— Este é meu amigo Lelo. – disse Olarinho apresentando o amigo. – Trouxe ele prá te conhecê, Nestor.

— Prazer! – disse o menino que permaneceu sentado em um banquinho de madeira. – Descurpe não levantá, mas, as perna não ajudam mais.

Lelinho não respondeu de pronto. A voz não saiu com facilidade tamanho era seu espanto.

Diante dele estava um menino raquítico, mãos tortas e pés curvados para dentro, completamente diferente do que ele havia imaginado quando Olarinho lhe descreveu Nestor.

Enrolado em meio a uns cobertores, Nestor sorria para os visitantes.

— Mas sentem aqui perto do fogo, tá mais quentinho – disse o menino apontando para uns bancos dispostos a seu lado. – Ah! tem café e leite em cima do fogão. A mãe deixou prontinho esperando ocê, Larinho. Tem pão de mio no armário também. Serve ele Larinho! – completou o menino com entusiasmo de quem oferece preciosidade às visitas.

— Dona Chica já foi pra roça? – perguntou Olarinho.

— Já. Ela saiu bem cedo. Foi co pai colhê o mio. – respondeu Nestor. – Ele qué vê se vende uns saco prá fazer o mercado. Já tamo quase sem nada na dispensa.

— Então, licença – disse Olarinho se encaminhando em direção ao guarda-louças. O pão de milho da dona Chica é uma delícia, você vai vê! – falou lambendo os lábios.

— É, a mãe criô a gente com pão de mio. Demo tudo forte e sadio. – falou Nestor orgulhoso.

Olarinho cortou uma grossa fatia do pão e estendeu para Lelinho. Apanhou depois, uma caneca e encheu de leite e café fumegante.

— Tem muito cesto prá levá? – perguntou por fim.

— Tem uns oito grande e, acho que uns treis dos menor. Essa semana eu não pude fazê mais. O frio encaranga a mão. – disse Nestor olhando para as mãos. – Tem veis que até parece que os osso vão quebrá – disse rindo. – O pai fala que eu devia pará de faze cesto mas não quero ser peso morto, sabe como é? Pelo menos ajudo um pouco na despesa. Não ia me senti bem me aproveitando deles. São bão demais prá isso.

— Eu entendo o que ocê qué dizê, Nestor. E depois, trabalhá é a melhor coisa do mundo! – disse Olarinho com orgulho – não é mesmo Lelinho?

— É, é sim. – concordou o menino meio sem jeito.

Os dois meninos continuaram a conversar sobre a venda e o preço dos cestos, enquanto Lelinho, calado, observava o entusiasmo com que Nestor explicava o valor de cada um deles a Olarinho.

— Este maior é de taquara trançada. Deu trabalho prá fazê mas ficô bão. Ocê pode pedi um pouco mais por ele. É mais resistente. Os outro fica como sempre. Se o povo gostá desse tipo, faço por encomenda, tá bão?

— Nóis já vamo indo, Nestor. Ainda vou deixá o Lelo na fazenda antes das entrega. Vorto na terça.

— Ocê me faz um favor, amigo, peça pro seu Carlo da farmácia mandá pelo seu Amarar um tubo daquela pomada de cavalo pra mim. Tô vendo que essa semana não vô consegui produzi muita coisa sem ela. Minhas junta tão amarrada demais.

— Pode deixá, se ele não pudé trazê, eu trago amanhã, tá bão? – disse Olarinho, enquanto ajeitava os cestos na bicicleta.

Despediram-se do menino e partiram de volta à fazenda carregando os cestos que foram amarrados nas bicicletas. No caminho Lelinho, não se agüentando, perguntou:

— O que houve com ele? Digo... que doença ele teve para ficar tão torto assim?

— Foi parlisia. Acho que é isso. Ele não era torto. Nasceu retinho, retinho. Cum uns nove anos, mais ou menos, a doença pegou ele de jeito, coitado! Foi uma tristeza só, aqui pra nóis. Ele era companheiro de tudo mundo. Teve gente que pensou que ele ia morrê, mas que nada! O danado é forte que só vendo! Depois, todo mundo acostumô e tudo vortou ao normá. Ocê não viu como ele é decidido? Cabra trabalhadô tá ali, sô!

— A mãe dele não deu vacina nele, não? – perguntou Lelinho indignado com essa possibilidade.

— Não sei. Aqui tudo é difícil, amigo. Não tem hospitar nem nada. Acho que num deu não! – respondeu abanando a cabeça.

— Incrível como ainda tem gente que não se preocupa com isso! Com tanta campanha, tanta propaganda na televisão! – falou desabafando. – Esse tipo de coisa não poderia mais acontecer hoje em dia. Só não tem informação quem realmente não quer ter! – disse visivelmente transtornado.

— É, mais aqui nem todo mundo tem televisão, não! Dona Chica e seu Juvêncio mesmo, acho que nunca viram uma de perto. O mais que têm é um radinho de pilha que por sinal quase sempre tá parado na pratelera. Acho que eles, se é que foram até a cidade, foi umas duas ou treis veis na vida. São meio arredio prá saí de casa. Cê pensa o quê? – disse ele – tem muita famia por aqui que num vai prá cidade é nunca! – Depois dando uma boa risada disse: – É inté engraçado, as criança, quando a gente chega na casa deles, se esconde correndo de vergonha. Tem gente que é assim, não gosta de outras gente e pronto.

— Credo! Difícil acreditar nisso – disse Lelinho quase sem fôlego de tanto pedalar.

— Mais ele não recrama, não. Não pode mais ir na escola, isso lá é verdade mas, Leonice, a irmã dele ensinou ele a lê direitinho. Nestor é menino muito bão, por isso eu quis trazê você aqui. Se tivesse quente, se não tivesse geado tanto, ocê ia vê só que belezura! Ele fez uma espécie de carrinho, sem roda, que desliza na encosta dos morro que é uma beleza! Ocê ia adorá andá nele. Pena que tava muito frio prô Nestor saí de casa hoje. Mais, não vai fartá oportunidade. Dá outra veis que ocê vié pra cá a gente anda. Precisa vê só as coisas que o Nestor inventa. Não dá nem prá acredita! A doença dele não afetô a cabeça. Ele é muito esperto, muito mesmo e tem um coração, que só vendo! Uma parte do dinheiro dos cestos ele dá prá minha mãe, que dá prá *Fraternidade*.

— Ele também? – perguntou espantado Lelinho.

— Claro! Por que não? – indagou Olarinho sem entender o espanto do amigo.

— Bem, pelo que eu vi, ele é quem precisa de ajuda, não é? – respondeu Lelinho dando de ombros.

— Nestor precisá de ajuda? – disse Olarinho estancando a bicicleta –Tá ficando doido! – Ele é quem ajuda os outros. Um sábado por mêis o pai dele leva ele até o salão da vila e ele ensina os menino novo e até as mulher a fazer os cestos, desfiá taquara, escolhê as páia boa de fazê cesto e tudo mais. Muita gente véia já aprendeu a fazê os cestos com o Nestor e tão ganhando dinheiro também – completou satisfeito com os feitos do amigo.

Montaram novamente nas bicicletas e continuaram o trajeto para casa. Lelinho ainda pensando no que o amigo dissera a respeito das idas de Nestor à vila, em dado momento disse:

— Fiquei pensando no que você falou e acho que desse jeito ele vai acabar ficando sem ter para quem vender os cestos que ele próprio faz, não acha? A esperteza dele não é tanta assim, não – debochou Lelinho sentindo-se superior na inteligência.

Olarinho conjecturou um pouco e depois de analisar a pergunta com cuidado disse:

— Vende, vende sim! – respondeu decidido. – Este mundo é muito grande, grande barbaridade. – falou espalhando os braços para os lados. – Tem lugar prá todo mundo. E além do mais, Deus – disse olhando para o céu – esse não abandona quem tem Ele no coração. E o Nestor tem, com certeza!

Lelinho olhou em direção ao horizonte e deixou que seus pensamentos saíssem furtivos pela boca.

— Não sei se eu teria Deus no coração, se fosse ele – murmurou Lelinho sem sentir.

Olarinho fitou-o espantando-se com a visível revolta do amigo.

— É uma pena que você ache isso – disse o menino sentindo realmente pena de Lelinho. – A gente tem que aceitá as coisa que Deus manda sem recramá. É como diz minha mãe: Deus sabe o que é melhó prá gente mesmo que a gente não saiba por quê. Ela aprendeu isso com o seu Henrique. Homem bão tava ali. Nunca recramava de nada, nadinha mesmo! Vivia rindo. Dava gosto conversá com ele. – Dizendo isso, calou-se por uns instantes como que a relembrar a figura bonachona de seu Henrique. Depois, com um sorriso meigo nos lábios continuou: – O povo daqui sentiu muita farta dele quando ele morreu. Se bem que... – fez uma pausa – uns dizem que ele ainda anda por aí ajudando quem precisa. Parece que o povo que precisa de arguma coisa ouve a vois dele dentro da cabeça dizendo o que é pra fazê, sei lá!

— Êh! Quem foi que disse isso? – indagou irritado Lelinho. – Eu não gosto desse tipo de conversa.

— Por quê? Ocê tem medo dos morto? – indagou Olarinho.

Sentindo-se descoberto em seu maior temor e não deixando por menos, Lelinho retrucou desafiando a coragem do companheiro.

— E você? Vai me dizer que você também não tem?

Um Fantasma de Peso

– disse fazendo cara de pouco caso.

— Depende do morto – respondeu o menino com segurança.

— Ah, ah, ah! Morto é morto e pronto! Não depende de nada – apressou-se Lelinho.

— Não é bem assim. Tem morto e... tem morto. – disse Olarinho firme em suas convicções.

— Qual é, Olarinho, morto é morto! Você tem cada uma que chega a doer! – disse zombando dele.

— Não mesmo! – respondeu o menino. – O seu tio Henrique, por exemplo... dele eu não tenho medo, já do Carqueja... – sussurrou para Lelinho como que desejando que ninguém mais o escutasse.

Lelinho sentiu um friozinho percorrer sua espinha, já acostumada a arrepiar só de pensar em histórias de mortos.

— Caramba! Com um nome desses... até eu teria medo. – retrucou o menino olhando para os lados.

— É, o tal era de dar medo, mesmo! Ninguém nunca viu realmente ele depois de morto mas, falam, sabe como é. Nunca se pode saber até onde é verdade, cruz credo! – benzeu-se apressado.

— O que foi que ele fez, como morreu? – perguntou Lelinho quase que sussurrando, tamanha era a sua apreensão naquele momento.

— Fazê, fazê mesmo não fez muito. Só assustava mesmo. Andava prá lá e prá cá com uma foice afiada que chegava até a reluzi no sol, provocando as pessoas que cruzavam com ele no caminho. Dizem alguns ter ele degolado pelo menos uns dez na vida. Por via da dúvida, ninguém bolia com ele. Tinha a cara amarrada, feia, amarga como carqueja, por isso o nome que deram prá ele por aqui. Encontraram ele morto, já fedendo. Os urubus acharam primeiro. O cheiro da carniça atraiu os bichos de longe!

— Que nojo! – disse Lelinho franzindo a cara.

— Veio a polícia da cidade e levou o que restô do corpo. Ninguém sabe do que ele morreu, mas o povo fala que ele mesmo deu cabo da vida.

— Nossa! Deus que me livre de encontrar alguém assim! – falou Lelinho, assustado até os ossos. – Vamos... vamos mudar de assunto. Já disse que não gosto dessas conversas. – falou Lelinho, pondo definitivamente fim naquele papo.

O restante do percurso fizeram calados. Vez por outra Lelinho dava uma rápida espiada para trás. Sentia como se alguém os estivesse seguindo bem de pertinho, de pertinho mesmo.

Finalmente chegaram à entrada da fazenda.

— Tô indo prá cidade levá os cesto – disse Olarinho despedindo-se. Depois eu volto, tá bão? Qué jogá bola depois?

— Hum, hum! Fico esperando no campo lá pelas três. Vou levar o Dezinho para ser o goleiro – disse descendo da bicicleta.

— Vou vê se uns amigo querem vir também. Com mais gente é melhó. – concluiu Olarinho. – Inté!

Conversa sobre
fantasmas

Já passava muito do meio dia quando Lelinho chegou para almoçar.

— Cadê todo mundo? – perguntou para Josefa.

— Sua mãe e seu pai saíram, mais a menina Lívia e seu irmão – respondeu ela, enquanto apanhava do forno o prato já feito do menino. – Sente aqui. A comida está quentinha. Seu avô e dona Carmem estão descansando na rede. – disse ela sentando-se ao lado dele.

— Josefa, – arriscou ele meio sem jeito – me diga uma coisa. – Você sabe do que morreu o tal Carqueja?

— Carqueja? Ué, por que você quer saber dele? – perguntou ela espantada. – Garanto que foi o Larinho que andou falando demais, não foi?

— Ele me contou alguma coisa sim – disse o menino – Será que é verdade que ele aparece por aí mesmo?

— Dizem que sim! Eu nunca vi nem quero ver –disse, fazendo o sinal da cruz – mas tem gente que jura que já viu o Carqueja andando pela estrada em noite escura carregando aquela foice nas costas.

— Ai, meu Deus! – disse sentindo aquele arrepio percorrer novamente sua espinha. Vai ver que foi ele que balançou o vaso, ontem – concluiu.

— Que vaso, menino? – indagou ela espantada.

— Ontem à noite, lá na varanda, uma samambaia quase caiu, sem mais nem menos – disse sério.

Josefa desandou a rir.

— Se foi aqui, nesta casa, com certeza não foi o Carqueja. – disse continuando a rir.

— E quem pode ter sido, então? – perguntou curioso.

— É bem mais provável que tenha sido ele.

— Ele quem, Josefa? Não faça suspense, por favor – pediu Lelinho.

— Seu Henrique. O tio de vocês. – disse ela. – Esse é morador daqui. Volta e meia ele derruba alguma coisa, quebra outra, aparece aqui, ali, vive andando por aí como antes. Já estou acostumada.

— Não acredito nisso! Como pode um morto continuar vivendo na mesma casa sem nenhuma cerimônia? – indignou-se ele. – E vovó, sabe disso?

— Todo mundo aqui sabe disso ou... pelo menos quase todos. Já estamos acostumados. No começo a gente levava cada susto, que só vendo! Sem mais nem menos ele aparecia do nada e para o nada voltava ligeirinho. Depois, de tanto aparecer e desaparecer a gente se acostumou – disse ela calmamente.

— Minha avó está louca, trazendo a gente para uma casa mal assombrada! – esbravejou o jovenzinho.

— Ei! Esta casa não é mal assombrada – disse ela acalmando o menino – ela pode ser é bem assombrada!

— Bem ou mal assombrada eu não estou gostando nem um pouquinho disso – disse ele categórico.

— Bem que eu senti alguém me espiando uma noite dessas! Achei que era sonho, mas tô vendo que não era não! Só me faltava essa, agora! – disse irritadíssimo.

Josefa deu de ombros, enquanto Lelinho saiu a procura dos avós pela casa.

Sentados em suas redes, dona Carmem e vovô Luiz tiravam uma soneca embalados pela brisa, agora mais quente da tarde. Um coro de passarinhos alegrava os ouvidos do casal.

— Vovó? – chamou o menino agitado. – Que história é essa de fantasmas nesta casa? Josefa me disse...

— Ah, essa Josefa, essa Josefa! – interrompeu a avó. – Que histórias ela andou lhe contando, meu querido? – perguntou a avó ajeitando-se na rede. – Venha cá, sente-se aqui comigo e acalme-se. Até parece que você desconhece a possibilidade de comunicação entre vivos e mortos, meu filho! – disse ela seriamente. – Já está bem crescidinho para desconhecer essas coisas, não acha? Afinal de contas, o que anda fazendo esse tempo todo? Onde deixou guardado o tempo para o estudo de sua religião, meu querido?

Espantado com a reação da avó, nada amedrontada com a sua irritação e cara feia, o menino enrubesceu.

— Não conheço e nem quero conhecer – disse ele arredio.

— Bem, se é assim talvez seja melhor ele mesmo lhe explicar qualquer hora dessas! – disse ela calmamente. – Um dia, de alguma forma, você terá que saber, não é mesmo?

— Vovó! A senhora está me assustando – disse ele elevando a voz – Eu não quero saber nada a respeito. Não, agora – completou mais calmo.

Olhando fixamente nos olhos assustados do neto, dona Carmem sentiu o quanto ele era despreparado no que se referia ao plano espiritual. Estendendo a mão em sua direção, fez sinal para que ele se sentasse. Alisando suas mãos carinhosamente, começou a falar:

— Está bem, meu querido, mas não precisa ficar tão amedrontado assim! Henrique era seu tio e tinha muito carinho por vocês. Nunca iria lhes causar nenhum mal – disse com firmeza. Depois, fazendo uma pausa proposital continuou: – Quer dizer então, que quando eu ou seu avô desencarnarmos você irá sentir medo de nós?

Lelinho calou-se por uns instantes refletindo no que a avó dissera.

— Não, acho que não! – respondeu vacilante.

— Melhor assim – disse ela, olhando meigamente nos olhos do neto. – Seria muito doloroso para nós, que tanto o amamos, precisarmos ficar sempre à distância, excluídos definitivamente de sua vida, não acha? Que espécie de amor é esse que se transforma em pavor depois da morte do corpo, meu querido? Pois é assim que se sentem os que já partiram da terra e percebem em seus parentes o medo estampado no coração e no rosto. O corpo físico é apenas uma roupa que veste o espírito, Lelinho. – disse ela com doçura na voz. – O verdadeiro eu de cada um é o espírito que é eterno, meu filho. Compreendeu?

Percebendo a tristeza que causara ao coração da avó e a agressividade com que abordara o assunto, Lelinho beijou a face da anciã dizendo:

— Eu acho que sim, mas é estranho pensar em fantasmas andando por aí e que sem mais nem menos podem aparecer para a gente. Não vou sentir medo de você vovó, nem do vovô, só que tio Henrique não era assim tão... tão de casa, não é?

— Seu tio era um homem muito bom e alegre também! – disse ela rindo da colocação do neto. – E era de casa sim, como não? Era meu irmão, ou já se esqueceu disso? Claro que não vive aqui agora, que se foi, mas vez por outra vem ter com as pessoas que amava e que ficaram na terra. Digamos assim... vem fazer uma visita! Quando sentimos saudades de alguém não vamos visitá-lo ou falamos ao telefone? Então, o que há de errado com isso?

— Pensando assim, nada. Mas é estranho, isso é! – disse ele.

Observando a naturalidade com que a avó discorria sobre o assunto, Lelinho, bastante incomodado, não deixava de, vez por outra, espiar com o rabo dos olhos para ver se nenhum fantasma os estava escutando, escondido atrás de alguma coluna ou algo parecido. Aliviado, continuava a escutar atentamente tudo o que a avó dizia.

— Estranho para aqueles que desconhecem a vida espiritual, você quer dizer, não é? – disse batendo levemente na mão do neto. – Quando a gente conhece muito bem as coisas com as quais lidamos, não temos medo, querido! O desconhecimento das coisas é que as tornam sinistras. Nascer, morrer e renascer são coisas que deveriam fazer parte de nosso dia a dia como coisas naturais e concretas em nossas vidas, principalmente para nós, que somos espíritas.

O coração de Lelinho agitava-se dentro do peito como que tentando interiorizar a tranqüilidade da avó com relação aos mortos, mas seu cérebro teimava em sentir receio, no que dizia respeito ao após a morte. Indeciso arriscou nova pergunta:

— Mas, se é assim como a senhora diz, qualquer um pode vir aqui e simplesmente aparecer de repente. – concluiu ele.

— Não, não! Não funciona assim, meu querido.

Quase todos os lares possuem uma proteção espiritual que nos resguarda de intrusos, por assim dizer. Somente permitem a entrada de espíritos familiares ou que se afinizam conosco e com nossas vibrações mentais.

Dando um longo suspiro de alívio, o neto continuou:

— E nós possuímos essa proteção, não é vovó? – perguntou quase afirmando.

— Claro que sim! – disse ela sorridente. – Sua mãe e seu pai, todas as semanas, quando não todos os dias, buscam essa proteção nas orações, no culto no lar, nas palestras no Centro, nas atitudes corretas, nos bons pensamentos, na caridade que fazem. E que acabam por criar barreiras invisíveis ao redor de todos vocês, isolando-os das más influências.

— Hummm! – Então é por isso que você e vovô fazem aquelas reuniões em sua casa? – perguntou ele.

— Sim e não. – respondeu a avó procurando as palavras certas a dizer ao neto. – As reuniões são feitas para que, através da leitura do Evangelho e de outros bons livros que temos, eu e seu avô, cada vez mais possamos aprender a valorizar a oportunidade da encarnação e colocar em prática tudo o que aprendemos, ajudando sempre aqueles que estão ao nosso redor. E, não, porque não basta apenas ler muitos livros se não aprendermos a manter o pensamento sempre elevado, sempre correto, entendeu? De nada adiantaria ler bibliotecas inteiras, ter um imenso conhecimento a respeito das Leis de Deus e não aplicá-las. Isso seria ainda pior para a nossa evolução espiritual. O que realmente faz com que tenhamos sempre ao nosso lado os bons espíritos, aqueles que nos orientam e protegem, é o nosso pensamento, são as nossas atitudes diárias, não apenas a nossa conduta no dia do Culto no Lar ou frente a estranhos, para que pareçamos gente de bem. Nada poderemos esconder frente aos olhos de Deus, nem mesmo nossos mais íntimos pensamentos passam despercebidos por Ele.

Lelinho calou-se, relembrando as tantas vezes em que sua mãe havia insistido com eles para participarem do Culto e eles haviam implorado para que ela desistisse disso, alegando mil e uma desculpas das mais esfarrapadas possíveis. *Por fim ela havia desistido – relembrou ele.*

— O fato de cultivarmos no lar o hábito da leitura do Evangelho semanalmente ajuda e muito, pois cria uma espécie de rotina para nossas vidas. E, quando estamos reunidos em estudos, podemos ter conversas desse tipo, digo, conversas que esclarecem pequenas ou grandes dúvidas que porventura tivermos. Do contrário, se nunca acharmos um tempinho para reunir a família, ficará cada vez mais difícil a convivência em nossa casa. E sabe o que mais, meu querido? Chegará um dia em que, mesmo vivendo debaixo do mesmo teto e dividindo os mesmos cômodos da casa, seremos verdadeiros estranhos uns com os outros.

— Credo, vovó! Isso não vai acontecer com a gente! – disse o menino sorrindo. – A gente se vê sempre!

Na verdade o neto sabia exatamente do que a avó estava falando, pois poucas, pouquíssimas haviam sido as vezes em que, espontaneamente, havia procurado a companhia de seus avós para um papo sem compromisso. Sentiu-se mal com isso.

Os olhos de dona Carmem percorreram o jardim à sua frente até que pousaram serenos no horizonte. As altas montanhas banhadas pelo sol pareciam irradiar uma paz vinda de suas entranhas. Pequenas nuvens cobriam seus cumes como a protegê-las. Sentiu saudades dos tempos em que seus netos eram ainda pequenos e corriam sorridentes ao seu encontro quase todas as tardes. Pôde ouvir longe, em seu coração, o riso gostoso de Lelinho, o falar meigo de Lívia e Dezinho todos ansiosos por lhe contar as peripécias do dia na escola. Uma lágrima furtiva rolou de seus olhos.

Disfarçadamente escondeu-a do neto. Depois, recompondo-se continuou:

— A gente se vê fisicamente, querido mas, conversar, conversar mesmo, estamos conversando somente agora, aqui na fazenda por que estamos isolados do resto do mundo, não é? – disse ela provocando a análise de suas palavras no neto.

Lelinho, concordou com a cabeça e admitiu para si, que se não estivessem tão isolados de tudo realmente não teria se achegado mais aos avós como agora.

— Quantas foram as vezes que você ou seus irmãos tiveram um tempinho para conversar assim com a vovó e o vovô?

— É, tem razão... para ser sincero...às vezes não dá tempo. – respondeu ele, sem graça.

— Tempo! Ah! o tempo! Tempo é uma questão de prioridade, meu querido! Sabia disso? Quando realmente queremos, achamos tempo para tudo nesta vida! Vejamos! Hummm... nos domingos, o que você faz? – perguntou a avó.

— Quase sempre durmo até tarde e, depois passo o dia jogando vídeo game com o Dezinho. A gente faz campeonato para ver quem é o melhor! É bem legal! – contou ele, animado com a lembrança dos famosos torneios de domingo.

— Então! Se você quiser e seus irmãos também,

poderemos reservar um único domingo no mês para passear e apenas conversar, jogar conversa fora como dizem. O que acha da idéia? Poderemos colocar a prosa em dia, como diziam os antigos!

— Legal! – respondeu o menino já pensando que um domingo não iria fazer tanta falta assim no mês.

— Poderemos sair todos juntos, passear, visitar lugares diferentes, os quais talvez vocês nem mesmo tenham ouvido falar e que, com certeza, farão muito bem ao crescimento de seus espíritos. – Depois, fazendo uma pausa, disse: – Mas ouça a vovó, – falou olhando dentro dos olhos do neto – para que realmente seja proveitoso nosso passeio, precisaremos agendá-lo com antecedência. Escolheremos um lugar por mês para visitar e... chova ou faça sol, estaremos lá, combinado? – disse batendo de leve na mão do menino.

— Combinado! Vou contar a novidade para Lívia e Dezinho quando chegarem – e, pensando um pouco disse – Acho que não vou dizer nada ainda a respeito de tio Henrique. Eles podem não estar preparados para entender isso tudo que a senhora me explicou.

Voltou, ajoelhou-se em frente a avó e com uma ternura imensa nos olhos disse com sinceridade no coração:

— Gostei da nossa conversa, vovó! A senhora sabe mesmo das coisas – disse dando um beijo estalado no rosto da avó.

Assim que ele se retirou, doutor Luiz, que até então fingira estar cochilando, abriu os olhos e disse:

— Carmem, Carmem... eu admiro você, minha querida! Quisera eu, ter tido uma avó assim!

— Ora, meu amor! Estou apenas tentando recuperar a tranqüilidade ao coração de nossa filha e de Paulo.

Quem sabe se distanciando um pouco da rotina agitada em que se envolveram consigam realmente se encontrar novamente. Estive pensando, quem sabe, pudéssemos vir mais vezes para cá, talvez introduzi-los novamente na *Fraternidade*, aos poucos, como quem não quer nada, lentamente, talvez essa fosse a solução. Viu como Lelinho está perdido com relação aos fatos da nossa religião?

Doutor Luiz remexeu-se na rede.

— Não é só Lelinho, Carmem, Lívia e Dezinho também desconhecem a essência do Espiritismo. Dizemse espíritas porque ouvem essa palavra desde que nasceram tamborilando em seus ouvidos. Mas desconhecem o seu conteúdo ou pelo menos, boa parte dele – disse desanimado. – Falta-lhes o interesse pelo conhecimento do Espiritismo. São espíritas por que são! Só isso. Essa falha não é só de Paulo e Maria Clara, minha querida, é nossa também!

Dona Carmem concordou mentalmente com o esposo. Desde que a filha se casara e se mudara para sua própria casa, procurara não interferir na relação dela e do esposo. Não queria ser chamada de *"sogra intrometida"* e apenas dera sua opinião quando consultada. *Talvez pudesse ter orientado mais Maria Clara, não fosse esse receio...* pensou.

Seus pensamentos foram interrompidos pelo esposo, que disse baixinho:

— Paulo andou me perguntando sobre a *Fraternidade*, Carmem. Senti um grande interesse da parte dele. Nosso genro tem bom coração. Só está um pouco adormecido com tantos compromissos materiais. – disse.

— Eu sei. Vamos dar tempo ao tempo, querido. Não vê como ele e Maria Clara estão felizes, radiantes mesmo? Parecem dois adolescentes acabando de descobrir o prazer de amar, de sorrir até mesmo sem motivos. Graças a Deus nós nunca nos esquecemos disso, não é meu amor? – fez uma longa pausa pensando nos últimos acontecimentos e depois disse: – Sinto que fizemos a escolha certa vindo para cá e... tenho quase certeza de que nessa escolha tivemos um dedinho da ajuda de Henrique.

Uma algazarra os fez interromper a conversa.

Ambos levantaram-se para ver de onde vinha tanta balbúrdia.

Paulo, Maria Clara e os filhos vinham em desabalada correria por entre os canteiros do jardim. Seus rostos suados e suas roupas em desalinho, demonstravam que a brincadeira já vinha de muito longe.

Seu Luiz e dona Carmem olharam-se sorridentes.

— Não adianta correr! – gritou Paulo. – Eu vou chegar antes!

— Só se for por cima do meu cadáver! – falou Maria Clara ofegante. – Já estou quase chegando! Ganhei, ganhei! – gritava Maria Clara rodopiando na grama.

Paulo, Lívia e Dezinho chegaram logo atrás.

— Mamãe, você até que está em forma! – Disse Dezinho jogando-se no chão. – Pôxa! Estou sem fôlego!

— Oi, vovó! – disse Lívia com as bochechas avermelhadas. – Esses doidos resolveram apostar corrida desde o estábulo. São uns loucos! – disse estirando-se na espreguiçadeira ao lado da avó.

Atraído pela folia, Lelinho apareceu na porta da varanda no exato momento em que Paulo corria atrás de Maria Clara.

— Ei! que bagunça é essa? – disse esfregando os olhos para ter certeza de que o que via era verdade. – Nunca vi nada parecido antes. Mamãe brincando de pega-pega com papai? Esse mundo tá mesmo virado!

— E você ainda não viu nada, meu filho! Comece a correr que agora nós vamos pegar é você! – gritou Paulo piscando para a esposa. – Corre, moleque! Mostre que é bom das pernas!

Lelinho saiu em disparada por entre as plantas do jardim tentando desviar-se do pai, da mãe e de Dezinho. O riso alegre dos três se fazia ouvir por todos os lados.

— Aqui! Vem me pegar, se puder. – disse ele desafiando o pai.

— Vou sim e quando te pegar vou fazer cócegas em sua barriga como quando era pequeno, seu danado!

Depois de muito corre-corre, Paulo alcançou o filho, derrubando-o na grama.

— Viu, consegui! Agora se prepare! Atacar!

— Não, não, pelo amor de Deus, nãoooo! – ria o menino sem parar.

Por fim, abraçados, pai e filho voltaram para a varanda, suados e sorridentes.

— Como é gostoso ver Paulo e Lelinho juntos assim – disse Maria Clara à mãe. – Eles quase não se vêm. Paulo sempre tão ocupado, quase não tem tempo para as crianças. Aqui tudo está sendo perfeito! Não vou me cansar de agradecer por sua brilhante idéia, mamãe! Sabe, estamos em lua-de-mel. – falou cochichando ao ouvido da mãe – aliás, muito melhor do que a primeira.

O sorriso iluminando o rosto da filha deixou dona Carmem feliz. Há muito não sentia a filha tão radiante, tão tranqüila.

— Eu sei, está estampado em sua fisionomia! – brincou a mãe. – Não preciso ser adivinha para perceber essa alegria, querida.

Maria Clara estirou-se de todo o comprimento na

espreguiçadeira ao lado da mãe e, depois de um longo suspiro, disse:

— Hoje, quando saímos, pude conversar bastante com Lívia, mamãe. Paramos para descansar um pouco, lá perto do lago. Assim que ficamos a sós ela deu um jeitinho de perguntar se eu conhecia mesmo a filha de Sofia – disse procurando observar se Lívia não a estava escutando. – Aquela garota deixou Lívia bastante impressionada! Contei o que sabia a respeito dela, de seus pais e de como nos conhecemos durante a faculdade – fez uma pausa e depois continuou: – Acho que Lívia se sentiu um pouco fútil ou coisa assim, depois que conversou com Vitória. Perguntou-me se seria possível alguém se sentir realmente bem, vivendo do modo como ela vive. – Parou por alguns segundos observando a filha que conversava com Lelinho e depois continuou: – Sinto que alguma coisa está mudando em Lívia, mamãe, e para melhor, pelo menos está fazendo com que reveja sua vida e seus objetivos. Senti que estava tentando se reaproximar de mim... – disse emocionada – estava meio sem jeito, mas tentou falar comigo como antigamente, como quando ainda sentia alegria em compartilhar sua vida comigo... Por que tudo mudou assim tão de repente? – questionou-se.

Dona Carmem observou a alegria da filha e emocionou-se também. Depois riram uma da outra.

— Pelo amor de Deus! Parecemos duas choronas! – disse ela à filha. – Enxugue essas lágrimas antes que as crianças percebam nossa idiotice – disse rindo.

Enxugou os olhos e mudou de assunto.

— Ainda há pouco, antes de vocês chegarem, Lelinho veio ter comigo também. Josefa andou falando demais. Contou a ele sobre seu tio e suas infindáveis aparições por aqui. Não preciso nem dizer o pavor que ele tinha! Dei uma longa volta na conversa mas consegui chegar onde desejava. Vamos ver mais tarde o resultado de tudo isso – disse ela batendo de leve na mão da filha. – Sinto que as coisas jamais serão as mesmas depois destas férias!

— Assim espero, mamãe! Assim espero – concordou a filha.

Olarinho já estava à espera de Lelinho e Dezinho no campo. Uns cinco meninos faziam companhia a ele sentados debaixo de uma árvore. Uma bola de futebol, branca e preta, parecia ter acabado de sair da loja direto para o campo.

— Tarde! – disseram os meninos ao avistarem Lelo e Dezinho.

— Oi! – responderam.

— Esse aqui é o Tonho, o Thiago, o Luiz e o Nardo. O que foi desaguá é o Mirtom – disse Olarinho apresentando os amigos.

Dezinho fez menção de rir mas se controlou.

Em poucos minutos o time estava dividido em mais fortes e mais fracos misturados e o jogo teve início com tudo o que tinha direito. Chutes a gol, gritos de reclamação, carrinhos leais e desleais, caneladas e palavrões.

— Pô! Olhe a canelada! – gritou Miltom para Dezinho, que fora designado para juiz. – É farta! É farta, sô! Juiz ladrão!

Depois de muitos gols e risadas a partida terminou dez a oito. Um jogo justo! – todos acharam.

Alguns sentados e outros estirados na grama para se refrescar do sol e limpar o suor que escorria feito uma bica do rosto de todos, os meninos conversavam entre um gole de água e outro.

— Gostei de vocês – disse Tonho a Lelinho. – Não são besta!

— Besta? – perguntou Dezinho olhando desconfiado com o canto do olho para o irmão.

— É, entojado, metido a bão – explicou o menino. – Aqui a gente é simples. Não gostamo muito da gente da cidade. Sempre querem sabê mais que a gente. Às veis até sabem mesmo, mas nóis também sabemos de coisa que eles não sabem, só que ninguém se interessa em perguntá – disse o menino. – Aqui todo mundo é iguar. Nenhum é melhor que nenhum. Cada quar tem seu valor! – disse com orgulho. – E vocêis são dos nosso! – disse apertando a mão dos meninos como que a selar um pacto de amizade.

— Obrigado por não me achar uma besta! – disse Lelinho compenetrado. – Eu também não te achei uma besta, tá bom?

— Eu também não achei vocês umas bestas – concordou Dezinho olhando fixamente para os outros meninos.

— É, – disse Nardo, o mais velho deles, respondendo pelos demais – Nóis também não achamo vocêis umas bestas.

Pronto! Estava selada portanto uma amizade sincera entre eles. Nenhum era besta! Isso era o que bastava!

Sujos e cansados voltaram para a casa da fazenda quase ao anoitecer.

MOMENTOS DE REFLEXÃO

A noite estava como sempre, tranqüila. Doutor Luiz resolveu pôr à prova as aulas de canto que tivera na juventude e desencaixotou antigas canções que só ele e dona Carmem conheciam. Algumas Maria Clara e Paulo conseguiram ainda acompanhar, mas para a maioria apenas faziam coro com " nananananann na nannn,...".

Os três irmãos distraíam-se com um jogo de dominó que encontraram na estante da sala em um pequeno baú de madeira.

— Engraçado, – disse Lelo de repente – quando chegamos aqui pensei que ia ficar louco sem televisão! E vocês? Sentiram falta dela?

— Eu não! – respondeu Lívia prontamente. – Minha preocupação era não ter telefone aqui. Agora até já me esqueci dele, se bem que seria bom falar com a Roberta e a Clarice de vez em quando, para saber das novidades, sabe como é? Tentei o celular, mas nenhum sinal. Parece que não tem antena aqui por perto, pelo menos foi o que disse a Josefa. Estamos isolados do mundo civilizado!

Lelinho observou a irmã atentamente. Percebendo o

olhar perscrutativo do irmão ela, incomodada, perguntou:

— O que é? Nunca me viu? – disse de guarda armada.

— Vi, mas sabe de uma coisa, Lívia, eu nunca vi a Roberta! – disse Lelo pensativo. – Nunca vi essa garota lá em casa. Ela já esteve lá alguma vez? –perguntou franzindo a testa.

—Claro! Só me faltava essa agora! – disse balançando a cabeça. – Muitas e muitas vezes, seu tolo!!! É inacreditável, incompreensível essa sua total falta de participação familiar! – respondeu ela irritada. – Você não sai da frente do computador! Parece um alienado! Só consegue enxergar aquela bendita tela na sua frente quando está em casa! – disse provocando o irmão.

— Eu não sou alienado, não! Se ela esteve lá, deve ter ficado trancada no seu quarto! Afinal, nunca vi vocês duas sequer tomando café da manhã com a gente! – retrucou ele dando de ombros. – E alienada é você! – respondeu irritado. – Você que não larga o telefone nem para ir ao banheiro! Se telefone tivesse tela você tava ralada, sister! – E, para não sair perdendo, provocou um pouco mais a irmã: – Isso sem falar dos seus maravilhosos cabelos de ouro que vivem entupindo o ralo do box.

—Qual é a tua, queridinho? Está com ciúmes? Cuido sim dos meus cabelos e... se eu fosse você cuidaria dos seus também. Estão parecendo um amontoado de parafusos enferrujados. – disse ela desdenhando a vasta e cacheada cabeleira ruiva do irmão.

Revirando os olhos nas órbitas e levando as mãos aos ouvidos Dezinho disse desanimado:

— Tô prevendo confusão! Lá vem briga das boas!

— Se é de mim que você está falando, engano seu! – disse ela virando-se para Dezinho – Não vou discutir com nenhum fedelho imberbe!

— Nem eu – retrucou Lelinho. – Não vou perder meu tempo com nenhuma patricinha metida a besta.

Procurando desviar o papo que caminhava para a agressão verbal muito comum entre eles, Dezinho implorou:

— Então, o que vocês acham de continuar o jogo?

Com caras e bocas não muito amigáveis os dois continuaram a jogar, muito embora a vontade fosse de se trucidarem.

— O que é imberbe? – perguntou Dezinho em dado momento.

— Sem barbas. – respondeu Lívia rindo dela mesma.

Depois, olhando para a fisionomia do irmão, percebeu que o magoara profundamente em seus brios. Repentinamente arrependida, disse num relance inédito:

— Desculpe, Lelo! Eu não queria falar imberbe. Só achei que era uma palavra legal para dizer no momento. – completou gargalhando.

Confuso e atônito com o pedido de desculpas, Lelo, olhou com o rabo do olho para Lívia dizendo:

— Desculpo, mas fique sabendo que eu já tenho barba. Pouca mas tenho – completou o irmão passando a mão pelo rosto na esperança de encontrar algum pêlo perdido para poder provar a veracidade do caso.

— Tudo bem! Tudo bem! Agora que já sei o que é imberbe vamos continuar o jogo, pelo amor de Deus? – implorou Dezinho.

Sem dar atenção às súplicas do pequeno, Lívia e Lelinho continuaram de onde haviam parado.

— E eu, eu sou patricinha mesmo, ou foi só para me

agredir? – perguntou ela desconfiada da resposta.

— Quer a verdade ou não? – indagou Lelo de pronto.

— A verdade é claro! – afirmou endireitando-se na cadeira para enfrentar melhor a resposta.

— É – respondeu ele.

— Sou! Por que você acha que eu sou patricinha? – perguntou Lívia sobressaltando-se com a resposta que já esperava.

— Você só se preocupa com você mesma. Vive se olhando no espelho dia e noite. Não sei como ainda não se cansou de tanto ver a sua cara nele. Só compra roupas de "marca" e copia tudo que suas amigas fazem. Isso para mim é ser uma patricinha total , não é?

— Ai, meu Deus! Quem é que vai jogar comigo? Desisto! – disse Dezinho levantando-se da pequena mesa de jogos. – Vou dormir! – alertou em bom tom. – Ei, estou indo, não me ouviram? –gritou.

— Fique quieto! Estamos conversando, não percebeu? – disse Lívia ao pequeno. – Se quiser dormir, vai! Não nascemos grudados em você!

Sentindo que sua presença era totalmente descartável naquele momento, o pequeno saiu emburrado deixando os dois irmãos a sós.

— Não tenho nada contra as patricinhas, só acho que tem coisa melhor para ser do que apenas isso – falou ele procurando não magoar demais a irmã.

— Como o quê, por exemplo? – perguntou ela um tanto irritada com a resposta do irmão.

— Sei lá! Qualquer coisa que seja mais original, sei lá, pô! – respondeu ele arrumando as peças do jogo no baú. – Depois que viemos para cá tenho pensado muito... – completou ele, como que fazendo uma confissão.

— Pensado em quê? – perguntou Lívia.

— Pensado em como vivemos lá, lá em casa. – respondeu pensativo. – Tenho saído com o Olarinho todos os dias e conhecido muita gente. Gente diferente da gente, gente que se conhece de verdade, entende o que quero dizer?

— Que espécie de gente você conheceu? – Perguntou ela interessada na resposta do irmão.

— Gente que não é besta! – disse dando um sorriso amarelo. Fez uma longa pausa e depois continuou: – Gente que mesmo não sendo da mesma família, se conhecem profundamente, se gostam, se admiram e se ajudam sem pedir nada em troca... Conheci um menino chamado Nestor hoje pela manhã. Fiquei impressionado com ele. Precisa ver só como ele é legal! É todo torto, acredita?

Sentado confortavelmente na poltrona em frente à pequena mesa de jogos, tio Henrique ouvia atentamente o diálogo dos jovens. Sua presença não foi percebida naquele momento. Lívia e Lelinho, absortos em sua conversa, sequer imaginavam que ela estivesse sendo escutada por mais alguém. A fisionomia serena do ancião e seus olhos muito claros, perscrutavam o interior daquelas duas almas ali à sua frente. Satisfeito com o rumo que a conversa tomara, ajeitou-se na poltrona para ouvir melhor.

— Torto? Como todo torto? – perguntou espantada.

— Teve paralisia infantil, eu acho, mas isso não deixou ele revoltado nem nada. Me ofereceu pão de milho como se fosse caviar! Acho que o pão era a melhor coisa que ele tinha em casa para oferecer. Me senti tão inferior a ele que quase nem falei nada. Parecia um bobo na frente dele.

— Poxa! – disse Lívia relembrando da sensação idêntica que tivera ao conhecer Vitória. E olhando para o irmão, como se esta fosse a primeira vez, percebeu uma sensibilidade incrível naquela figura magra e desajeitada à sua frente. Sentiu vontade de abraçá-lo e dizer que também ela se sentira assim na presença de Vitória, mas preferiu se conter. Não queria abrir a guarda para o irmão. *Irmãos são figuras perigosas, pensou ela, podem usar das nossas fraquezas contra nós num piscar de olhos! São traiçoeiros como cobras!*

— Nós não estamos com nada, sister! Nada mesmo! Parecemos uma bexiga de festa. – admitiu o menino. – Se espetar um palito... só fazemos barulho e... por dentro...só ar. Estou me sentindo um mísero balão de enfeite.

Um enorme silêncio se fez entre eles. Um silêncio repleto de palavras não ditas, mas muito significativas para seus espíritos.

Sorridente, tio Henrique repetia eufórico:

— Esse é o caminho, crianças! Diálogo! Diálogo! Isso mesmo! Pensem! Pensem em suas vidas. Procurem analisar o que têm feito por vocês mesmos e pelos outros! Vamos lá! Abram-se um para o outro! Não se envergonhem. Vamos lá! Não me decepcionem.... – dizia ele sem parar.

Dona Carmem pareceu ouvir alguma coisa e, sem que os outros percebessem, virou-se vagarosamente na direção do irmão, podendo observar que da cabeça de Henrique saiam pequenos fiozinhos prateados e penetravam na cabeça de Lívia e de Lelinho ao mesmo tempo.

Intrigada com tal fenômeno, arriscou falar com o irmão em pensamento.

— Henrique, o que você está tentando fazer com as crianças, meu irmão? – perguntou em pensamento a ele.

— Oi! Você percebeu minha presença, Carmem? – indagou ele. – Está me vendo agora?

— Sim. – respondeu ela.

— Estou emitindo as vibrações de meu pensamento para eles e parece que estão captando muito bem, mesmo! São duas anteninhas maravilhosas! Receptores de primeira, serão bons médiuns no futuro! – disse entusiasmado. – Lívia percebeu minha presença outro dia no campo. Acho que mais tarde desenvolverá uma boa clarividência. Espere um pouco, Carmem, quero reforçar mais essa emissão – disse fechando os olhos bem apertados e concentrando-se tanto, parecendo que ia explodir na frente da irmã. – Hum hum! Pronto! Por hoje já chega! Agora devo ir, senão... não me deixam voltar amanhã... Adeus, Carmem. Volto amanhã. Dê um abraço no Luiz por mim – disse antes de desaparecer.

— Adeus, Henrique. Cuide-se, está bem? – advertiu ela, referindo-se ao episódio do vaso.

Mais tarde, já em seus quartos, os dois jovens adormeceram. Os acontecimentos ressoaram-lhes na mente qual sonoro despertador a chamar para a realidade.

Um fino raio de sol penetrando por entre a fresta da janela, acordou, delicadamente, Paulo. A penumbra do quarto permitiu a ele observar a esposa ainda adormecida a seu lado. Seus cabelos em desalinho, espalhados no travesseiro, faziam-na parecer com aquelas belas madonas pintadas na antigüidade. Um sorriso terno surgiu nos lábios de Paulo. Amava Maria Clara. Sentia-se forte, seguro, amado ao lado daquela mulher, mesmo depois de tantos anos. Sentiu vontade de afagar-lhe os cabelos, mas preferiu apenas permanecer olhando para ela, admirando-a.

Maria Clara sentindo-se observada abriu os olhos lentamente.

— Oi, querido! Já acordado? – perguntou ela espreguiçando-se gostosamente. – Por que não me acordou também?

— Não quis acordá-la, amor. Fiquei aqui bem quietinho – disse com voz sussurrada ao ouvido da esposa – apenas olhando para você.

— Hummmm! Que delícia acordar assim! – respondeu ela enroscando-se nele.

— Sabe – disse Paulo com seriedade na voz depois de algum tempo – tenho pensado sobre nós e as crianças, sobre o que vem acontecendo com nossas vidas nesses últimos anos.

— Como assim? – perguntou ela apreensiva com o tom da voz do esposo.

— Não, não é nada grave – sorriu abraçando mais fortemente a esposa – apenas... que só depois que viemos para cá é que pude realmente sentir o quanto todos nós estávamos afastados ou... nos afastando uns dos outros, sem sentir a gravidade de tudo isso – concluiu ele.

— Entendo o que quer dizer, Paulo. Eu também senti a mesma coisa – concordou enquanto ajeitava o travesseiro na cabeceira da cama. – Temos tido tempo para estar uns com os outros, não é isso?

— Acho que sim. Nossos filhos estão crescidos e eu... eu não havia percebido o quanto! Acredita? – disse ele meneando a cabeça! Logo estarão cursando alguma faculdade, namorando, casando-se e eu... eu não terei feito parte da vida deles como devia.

— O que é isso, querido! – interrompeu ela – Você não é um pai ausente na vida de nossos filhos! Pelo amor de Deus, não pense isso jamais! As crianças o admiram, elas são loucas por você e você sabe muito bem disso! – falou ela com veemência.

Paulo levantou-se e foi até a janela. Tirou a pesada tranca de ferro, empurrou as venezianas e deixou o sol da manhã entrar, iluminando todo o ambiente. Debruçou-se no espaldar e observou o imenso jardim à sua frente. As azaléias florescidas deixavam um perfume inebriante no ar. Calado, permaneceu ali por um instante como que recompondo suas energias ante aquela beleza toda. Voltou-se para a esposa e disse com voz serena.

— Não, não disse isso, Maria Clara!. Sei que eles me amam. O que quero dizer é que tenho suprido todas as necessidades materiais deles, como qualquer pai que se preze faria. Mas e as outras necessidades, será que tenho tido tempo e disposição para observar quais são? Isso nunca me incomodou, confesso. Sempre achei que você estando ali, ao lado deles, bastava. Não sei por que mas, agora estou realmente me cobrando. – disse como que confessando uma culpa. Depois de uma longa pausa continuou: – Quero poder abrir a janela de minha alma, assim como abri esta janela agora e deixar o sol entrar iluminando os nossos dias, iluminando a minha vida, entende? Talvez essa vinda para cá tenha mexido comigo de alguma forma, mexido lá dentro, nas lembranças que tenho de minha infância, de meu pai e de como eu me sentia importante, orgulhoso e feliz quando estávamos juntos, fazendo qualquer coisa que fosse mas, juntos, eu e ele... Você sabe que nesse ponto eu sou uma nulidade com as crianças, pode admitir. – disse rindo.

— Bem... – respondeu ela hesitante – nesse ponto você tem razão.

Procurando não deixar o esposo ainda mais preocupado, Maria Clara, procurou as palavras certas para falar ao marido:

— Sabe, Paulo, há uma coisa que tem me incomodado

muito já há algum tempo... bem, como direi... – respirou fundo e continuou – bem é o fato de você nunca ter tempo para nossos filhos, digo... tempo de verdade, sabe como é?

— Como assim, Maria Clara? – perguntou intrigado.

— Você sempre está tão ocupado, tão cansado... e, quando não está, a televisão tem sido a sua companhia. Não que eu seja contra, não é isso, mas é que ninguém pode falar, fazer barulho, você está me entendendo, não é? Sei que não faz isso de propósito, mas essa atitude o torna distante de todos. Você sabe do que eu estou falando, não é querido? Compreendo que essa seja a sua maneira para relaxar depois de um dia exaustivo, mas precisamos de você – disse carinhosamente. – Sua companhia é por demais importante para mim e também para as crianças. Talvez, quem sabe, se você procurasse dar mais atenção a elas...

Maria Clara calou-se pensativa. – Preciso de você, querido, me sinto muito só às vezes...

Paulo compreendeu o que a esposa queria dizer. Realmente agia assim, senão todas as noites, quase todas. Irritava-se com extrema facilidade quando queria ouvir o jornal ou assistir a um programa de televisão e os filhos ficavam a tagarelar ao redor dele. Inúmeras eram as vezes em que, esbravejando, colocava todos para correr. Concordou com a cabeça e disse num lamento:

— Então, entendeu agora a minha preocupação? Essa noite tive um sonho estranho com seu tio Henrique. Não consigo lembrar direito como foi, mas ficou uma sensação esquisita de necessidade de mudança, de... tempo, sei lá o quê! – disse, tentando em vão se recordar do sonho. – Só sei que não quero ser lembrado mais tarde como um pai distante que apenas se preocupou em dar aos filhos o sustento material. Quero que eles quando se referirem a mim, depois que eu tiver partido, sintam orgulho do pai que fui. Não apenas pelo que pude dar, mas pelo que tiver podido deixar de lembranças, sabe como é?

Maria Clara, olhou o esposo com ternura. Sabia exatamente o que ele estava sentindo naquele momento; Paulo deixara de ser um homem maduro e seguro de si. Parecia uma criança perdida, tentando encontrar o caminho de volta ao lar.

— Não gostaria de ser lembrado apenas como um recheado cofrinho! – disse tentando rir. – Tenho me sentido bem na companhia deles, falando, andando por aí, brincando, ensinando coisas que nem mesmo eu sabia que sabia. Percebo até mesmo um certo espanto nos olhos deles quando percebem que o pai não sabe apenas ganhar dinheiro no escritório. Estou me sentindo, pela primeira vez na vida, um pai de verdade! Sabe o que é isso? Não quero perder essa referência quando voltarmos para casa, Maria Clara.

Comovida com as palavras do marido e sentindo o quanto elas estavam carregadas de um sentimento sincero, Maria Clara gracejou procurando desfazer a ansiedade do esposo.

— Bem, meu amado e cheiroso cofrinho, não acha que está mais que em tempo de reverter tudo isso? – brincou, fazendo cócegas na barriga de Paulo. – Pois então, vamos dar uma bela virada em nossas vidas, começando agora! –disse pulando da cama enquanto puxava o esposo junto. – Vamos aproveitar ao máximo nossas férias aqui e antes mesmo de voltarmos para casa saberemos como administrar melhor o nosso tempo em família, pode ter certeza disso! Já estou bolando como mudar umas coisinhas por lá, disse ela com ar de quem já sabia o que fazer.

Paulo, minutos depois, saiu deixando a porta aberta

atrás de si. Maria Clara permaneceu ainda por mais alguns instantes no quarto a fim de se vestir para o café. As palavras do esposo ressoavam ainda em seu cérebro. Sentiu um grande carinho brotar em seu coração por aquela figura de aparência tão segura, tão forte e máscula mas, que no fundo, buscava o mesmo que ela, a felicidade junto aos seus.

Sim, Maria Clara havia notado sensíveis mudanças em todos os membros de sua família nesses quinze dias na fazenda e, é claro, não gostaria de perdê-las novamente. Isso não! Entre ela e o esposo, muita coisa havia mudado. Passara a existir uma cumplicidade de ações e pensamentos. Haviam conseguido resgatar o romance que se perdera anos atrás em meio a rotina dos afazeres diários e isso os unira ainda mais. Paulo passara a prestar mais atenção a ela, ao que pensava, dizia ou sentia. E o mesmo ocorrera com ela, que descobrira no esposo, não apenas um provedor, mas um companheiro agradável e muitas vezes tão frágil e inseguro quanto ela.

Quanto aos meninos, pensava enquanto ajeitava os cabelos, *nem parecem mais os mesmos! Lelinho está mudado! Temos tido oportunidade de conversar sobre tantos assuntos... sinto que ele abriu a "guarda", como eles mesmos dizem. Parece que começou a sentir prazer em dividir suas experiências conosco. E, mesmo no trato com os irmãos está mais solto, mais amigo... E Dezinho? Esse nem se fala!* – pensou satisfeita – *Tem crivado o pai e o avô com tantas perguntas que chega a tonteá-los. Aprendeu até mesmo a comer verduras com a Josefa! Que mais posso querer?* – concluiu com um sorriso que só as mães sabem ter. *Bem, de qualquer forma houve mudanças e isso é muito bom, muito bom mesmo!* – concluiu mirando-se no espelho.

Deu leves pancadinhas no rosto e constatou satisfeita que suas olheiras haviam desaparecido milagrosamente.

— É... o que o sossego não faz! – disse para si. – Pareço ter rejuvenescido uns cinco anos, pelo menos!

E Lívia, – pensou ela tornando a se sentar no banco da penteadeira *– Lívia perdeu aquele ar de "ranço" constante. Está mais leve, mais solta. Tem se mostrado até mesmo mais solícita com as pessoas ao seu redor. Ontem mesmo ela estava conversando com Josefa na cozinha e, por incrível que pareça, enxugando a louça do almoço na maior animação! Deve estar se sentindo bem aqui –* conjecturou ela *– caso contrário já teria aprontado um belo escândalo e feito todo mundo voltar correndo para a cidade.* Lembrou então de uma das tantas conversas que tivera com a mãe, dona Carmem, na varanda da casa grande e pensou:

— Mamãe tem razão, às vezes o que falta para que haja paz na família é se reconhecer nem sempre tão detentora da verdade... é dar um tempo em tudo e começar quase do zero novamente!

Seus pensamentos voltaram-se agora para sua casa, na Capital.

Viu-se agitada, subindo e descendo escadas, arrumando, limpando, espanando, sempre com os nervos à flor da pele a procurar soluções imediatistas para seus problemas. Não conseguia relaxar por mais que quisesse. Sua belíssima banheira de hidromassagem, escolhida a dedo, nunca fora usada, a não ser imediatamente após ter sido instalada. Tornara-se apenas um caro objeto de decoração que reluzia, intacta, em seu banheiro. *Que loucura! – pensou. – Que loucura!* Por sua tela mental passou um pequeno filme do seu dia-a-dia.

Paulo chegando do trabalho exausto e ela a despejar problemas e mais problemas, sem ao menos dar um fôlego para o coitado. Desenhou-se à sua frente a imagem do esposo, olhos parados, indecisos, pasta ainda na mão, sem saber ao certo o que fazer ou dizer no momento.

Riu da cena, agora patética, a seu ver.

Sim, eu também tenho grande parcela de culpa nisso tudo... Talvez estivesse pintando o diabo bem pior do que realmente é – pensou. *Se não fosse tão ansiosa com tudo poderia enxergar as coisas mais claramente, ver o que tem que ser visto...* – disse para si. *Mamãe diz que nunca devemos falar ou agir no calor da paixão, seja ela qual for! Deveria escutá-la mais vezes!* – pensou. *Obrigo Paulo a tomar certas atitudes algumas vezes, movida pelo ardor do momento e só depois percebo que, na verdade, elas nunca deveriam ter sido tomadas... Meu Deus! Como é difícil viver! Preciso ser mais ponderada, calar mais vezes... esperar o momento certo, a hora certa para só então dizer o que penso! Magôo as pessoas com minhas palavras. Sei que não conseguimos convencer ninguém impondo as nossas próprias verdades, mas quando percebo, já fiz ou disse o que não deveria... Exijo demais, essa é a verdade! Não admito erros, não aceito desculpas! Quero Paulo, quero as crianças perto de mim mas... eu mesma os afasto com minhas intransigências! Ah! Meu Deus! O que estou fazendo com nossas vidas?*

Levou as mãos instintivamente ao rosto como que descobrindo a ***"América de seus conflitos"***. Permaneceu assim por longo tempo. Cenas e mais cenas de atritos entre ela e os filhos foram se desenhando a sua frente. Coisas banais, como um tênis jogado em baixo da cama, uma toalha de banho fora do lugar, um som mais alto ou até mesmo os famosos jogos de vídeo game dos meninos surgiam como motivo para a quebra de sua paz interior. Amava-os, isso era certo e claro, mas percebia agora que sua atitude radical os afastava dela. Queria para eles o melhor que a vida material pudesse oferecer, mas estava tirando deles a alegria do convívio em família.

— Por que não jogar video-game com os meninos

de vez em quando? – pensou ela. – Por que preciso ser tão contrária a tudo isso? Afinal de contas, isso não iria tirar nenhum pedaço de mim e talvez assim eu conseguisse estipular algum horário para os jogos. Ah! Quanta coisa está errada! Afastei Lívia também... – pensou deixando que as lágrimas lhe caíssem dos olhos – minha intolerância afastou minha filha de mim! Julguei-me superior a ela, critiquei duramente seus erros, por menores que fossem, despejei meus conhecimentos e minha altivez sem dó nem piedade! – disse soluçando. – Não soube escutar suas dúvidas e o pior... não permiti que ela própria achasse seu caminho. Quanto tempo perdi em lamentações... Quanto tempo perdi com coisas fúteis quando poderia ter sido mais mãe e menos inquisidora!

Debruçou-se sobre a penteadeira e deixou que as lágrimas lhe banhassem o rosto livremente, aliviando assim, sua alma.

Abraçado à Maria Clara, tio Henrique, que há muito aguardava essa atitude da sobrinha, deixou que a emoção invadisse também seu coração. Aquele momento de reflexão verdadeira era por demais importante para que a paz e a tranqüilidade voltassem a reinar naquela família.

Do equilíbrio daquela mãe dependia a felicidade do esposo e filhos.

— Ah, meu Deus! Foi preciso parar, afastar-me de casa, em uma fazenda isolada do restante do mundo, estar a sós comigo mesma, fugir daquela rotina devastadora para que finalmente pudesse perceber também os meus erros – concluiu enxugando o rosto com o dorso das mãos.

Minutos depois, mais calma, sorriu para a imagem refletida no espelho e disse em voz alta:

— Nem tudo está perdido, Maria Clara! As coisas não voltarão a ser como antes, prometo! Farei a minha parte nisso também! Farei sim! – repetiu decidida. – Uma nova Maria Clara há de renascer agora! – disse, endireitando o corpo firmemente.

Na cozinha, os avós, o pai e os filhos já estavam a mesa quando Maria Clara chegou para o café.

Josefa, sempre sorridente, colocou mais uma xícara sobre a mesa.

— Você demorou, querida! Pensamos que havia dormido novamente! – disse Paulo rindo.

— Não, meu querido! – disse ela com forte entonação na voz – Eu acabei de acordar! Realmente eu acabei de acordar agora! Pode acreditar! – disse dando um longo e estalado beijo no esposo.

Depois, beijou demoradamente cada um dos filhos com a mesma alegria.

Deu uma boa espiada em tudo sobre a mesa e disse:

— Estou faminta! Poderia comer um elefante inteiro agora mesmo! E de sobremesa ainda comeria uma jaca e uma melancia! – disse puxando a torta de amoras em sua direção. Josefa – disse ela lambendo os lábios – esta torta parece um manjar dos deuses!

Sem nada entender, Paulo e as crianças, riram entreolhando-se com olhares desconfiados.

—A geada tornou a cobrir tudo – disse doutor Luiz a Paulo. – Os campos estão branquinhos!

— Não preciso nem olhar para fora para saber disso, meu sogro! Que frio! – disse ele esfregando as mãos. – Agasalhem-se bem antes de colocarem o nariz para fora – disse ele aos filhos, enquanto se servia do chocolate fumegante que Josefa acabara de colocar na mesa – O frio deve estar cortante lá fora!

EXPLORANDO O SÓTÃO

—Não vou sair agora, papai. – disse Dezinho. – Está frio demais, vou achar alguma coisa para fazer por aqui mesmo, até esquentar um pouco.

— Se querem se divertir com alguma coisa diferente – disse o avô – esta casa tem um sótão que não é visitado há muito tempo. Deve ter alguma coisa interessante guardada lá em cima. Por que não sobem lá depois do café?

A idéia de descobrir segredos guardados num sótão fez brilhar os olhos da jovem. Sentiu-se como a artista principal de um filme de terror.

— Vamos subir lá? – perguntou Lívia entusiasmada aos irmãos.

— Eu quero ir sim! Talvez tenha fantasmas! – disse Dezinho fazendo cara de terror.

— Não é de duvidar! – disse Josefa. – Aqui tudo é possível! Ainda mais lá! Tomem cuidado! – Os irmãos se entreolharam desconfiados.

— Josefa! – repreendeu doutor Luiz. – Assim você assusta os meninos. Fantasmas não existem!

— Existem sim, doutor Luiz, eu que o diga! – retrucou ela.

— Bem, pelo sim, pelo não, é melhor se prevenir! – disse Dezinho. – Vou levar um pouco de alho comigo para garantir. Se ele aparecer, acabo com ele! Acho bom vocês levarem o de vocês também!

— Que moleque idiota, mãe! Nem parece meu irmão! Alho é para espantar vampiros! – gritou Lelinho.

— Mas é, é sim! – disse Maria Clara rindo. – Mas não se preocupe querido, você também já foi assim e conseguiu se curar graças a Deus! Mas cuidado, isso pega, heim?

Todos riram da colocação da mãe e da firme disposição do pequeno em acabar com o possível fantasma.

Assim que acabaram a refeição, entregaram-se à nova aventura.

O sótão, como todos os sótãos, era um lugar enorme, escuro e frio. Uma longa escada sem corrimão os levou até lá. Amedrontador para os três jovens pesquisadores de fantasmas, era, para seu antigo dono, apenas um local adequado para guardar coisas já sem grande utilidade. Uma pequena janela oval permitia iluminar o centro dele deixando, as laterais, numa fantasmagórica penumbra. Aranhas haviam tecido, com o passar dos anos, um emaranhado de teias e mais teias à espreita de suas vítimas. O cheiro forte de poeira e mofo dava o toque final ao quadro de horror criado na mente dos visitantes.

Um amontoado de coisas velhas, caixas, cadeiras, armários, baús e mesas, compunham o ambiente propício à imaginação fértil dos três. O estalar do assoalho de madeira, a cada passo dado, compunha a música de fundo.

— Credo! – disse Dezinho percorrendo os olhos pelo ambiente – Esse tal tio Henrique devia ser bem esquisito, não acham? Olhem quanta coisa tem aqui! – falou enquanto tirava com as mãos algumas teias do seu rosto. – Isso mais parece um depósito, do que um sótão!

— Estou sentindo um arrepio. – disse Lívia assustada. – Este sótão é sinistro!

— Claro, imbecil! Não vê que está frio aqui! Quanta ignorância! – disse Lelo querendo aparentar valentia, muito embora também estivesse sentindo um friozinho estranho na espinha.

Lívia foi em direção à janela para abri-la.

Um ruído forte e um bater de asas a seguir, fizeram com que ela desse um grito.

— Aiiiii! Socorro! O que é isso? – gritou a jovem correndo em direção aos irmãos.

Assustando-se com o grito da irmã e com a enorme coruja que voava batendo-se nas paredes, Lelo disse:

— Parece que é uma coruja! Só uma coruja querendo sair daqui. – concluiu ele com o coração aos pulos.

— Que susto! – disse Lívia rindo e sentando-se no chão, pois suas pernas tremiam sem parar. – pensei que era o tal fantasma da Josefa.

Alguns minutos depois seus olhos já estavam acostumados com a penumbra e o sótão também já não parecia tão aterrador como a princípio.

— Vejam isto aqui! – chamou Dezinho apontando para um enorme baú de madeira – O que será que tem aí dentro?

— Abra pra gente ver. – disse Lívia curiosa.

— Abra você, Lelinho – respondeu o pequeno – Eu sou alérgico à poeira – comentou ele, empurrando a tarefa para o irmão.

O baú estava coberto com um lençol amarelado pelo tempo. Lelo retirou o pano com cuidado colocando-o no chão. Uma trava de metal mantinha o baú fechado a chave.

— Não tem chave! Como é que eu vou abrir se não tem chave? – resmungou ele olhando para a fechadura enferrujada. – Procurem por aí, ela deve estar em algum lugar.

Depois de revirarem quase todo o lugar a procura da chave, em vão, repentinamente ouviram um pequeno estalido que os fez virarem-se atônitos em direção ao solitário baú.

— Clic, clac!

— O que foi isso? – disse Dezinho agarrando-se à Lívia.

— Não sei! O que foi isso Lelo? – perguntou ela entre dentes.

Petrificado, Lelo permanecia em frente ao baú, imóvel como se suas pernas estivessem pregadas nas tábuas do chão.

— Fo... fo... fo... foi o baú! – disse ele com os olhos esbugalhados. Ele abriu sozinho!

— O quê? Vou dar o fora daqui e já! – gritou Dezinho, correndo em direção à escada.

— Eu também! – acompanhou Lívia tropeçando nos próprios pés.

Foi uma correria só. Em dois segundos os três estavam, esbaforidos, na sala da casa tentando falar, todos ao mesmo tempo.

— Josefa! Josefa! O que é que tem lá em cima? – Lelinho conseguiu por fim dizer.

— Por quê? O que foi que aconteceu com vocês, crianças? – perguntou ela observando o estado de desespero em que se encontravam.

— Fale! Conte! O que é que tem lá em cima? – pediu

Dezinho atirando-se no sofá.

— Que eu saiba, nada! – respondeu ela. – Eu nunca subo lá! Desde que seu Henrique morreu e, "que Deus o tenha", nunca mais ninguém subiu lá. Por quê?

— O baú abriu sozinho, Josefa! Sozinho da Silva. – disse Lívia atirando-se na outra poltrona. – Abriu na cara da gente! Eu não subo mais lá! Não contem comigo!

Lançando um olhar de desconfiança em direção à escada, Josefa disse:

— Eu avisei para vocês, não avisei? – disse Josefa balançando a cabeça – Não quiseram me escutar, né? Depois doutor Luiz diz que fantasma não existe. Existe sim! E vocês foram bulir bem nos guardados do seu Henrique?

— Então você quer dizer que o fantasma é ele? – perguntou espantado Lelinho. – É ele o tal fantasma de que você tanto fala?

— Bem... dizem que ele vive aparecendo por aí. Ontem, quando fui varrer o seu quarto – disse virando-se para Lívia – eu encontrei a cadeira de balanço dele quebrada... não quero dizer nada, mas isso... isso é coisa do feitio dele. Com essas coisas, que aparecem e desaparecem, coisas quebradas, que trocam de lugar, isso já tô acostumada mas, lá em cima...lá em cima não vou não! Deve ser lá que ele fica então! Se eu fosse vocês não bulia lá não! – aconselhou a empregada.

Assustados até os ossos, olhavam-se agitados à espera de uma resposta menos aterradora.

— Cadê a vovó? – perguntou Dezinho aflito.

— Saiu com doutor Luiz e seus pais. Não voltam para o almoço, não. Foram visitar uns amigos do outro lado da serra.

— Só faltava essa, agora! – resmungou Lelinho.

– Por que não chamaram a gente?

— Seu pai disse para avisar vocês quando descessem do sótão. Acho que ele achou que vocês iam preferir ficar aqui.

— É, só que agora eu preferia ter ido com eles. – respondeu o menino irritado.

— Se precisarem de alguma coisa é só me chamar – disse Josefa indo em direção à cozinha. Depois, parou e voltou-se. – Talvez tenha sido só impressão de vocês! Vai ver o baú já estava aberto e vocês não viram. O medo também faz ver coisas onde não tem nada – disse tentando desmanchar o medo que se instalara nas crianças.

— O medo faz ver coisas! Queria só ver se ela estivesse lá também! – retrucou Lívia. – Ia ser a primeira a correr!

Estirados, cada qual em uma poltrona, remoíam pensamentos e conjecturas mil a respeito do ocorrido.

— Tô pensando em subir lá de novo – disse Lelo em dado momento.

— Você tá é louco! – disse Dezinho. – Eu não subo mais lá por nada!

— Está pensando mesmo? – perguntou Lívia sentando-se mais na ponta da poltrona. – Você teria coragem de voltar lá?

— Se mais alguém tiver, eu tenho! – respondeu ele.

— Curiosa, eu estou! Mas e se tiver mesmo alguém lá em cima? Se o tal tio estiver lá? O que a gente faz? – perguntou interessada na resposta do irmão.

— Acho que não está mais lá. Não sei por quê, mas acho que quem quer estivesse lá, só queria que a gente visse o que tem naquele baú. – respondeu pensativo.

— Será? – perguntou Lívia estremecendo.

— Na, na, ni, na, não! Eu não vou! – Pode tirar o cavalo da chuva! – disse Dezinho resoluto.

— Pois eu vou! Quero saber o que tem naquele baú e não vou esperar eles chegarem para saber o que é – disse levantando-se. – Quem quiser que me siga se for homem ou... mulher.

Lívia olhou para Dezinho convidando-o com o olhar.

Fez-se um momento de silêncio na sala. Grandes decisões estavam para serem tomadas. "Ir ou não ir, eis a questão!"

— Tá bom! Eu vou! – disse por fim Lívia, enchendo-se de coragem. – Qualquer coisa a gente corre, tá bom?

— Ah! Meu Deus! Sobrou pra mim! Se acontecer alguma coisa comigo, mamãe mata vocês! Mata mesmo! Não se esqueçam de que eu sou o menor aqui! – resmungou Dezinho, rezando para que os irmãos desistissem da idéia. – Estou sob a responsabilidade de vocês.

— Cala a boca, fedelho! Para perturbar você já é bem grandinho, não acha? Se quiser vir, venha, se não, não atrapalha! – replicou Lelo desafiando o irmão. – Fique aí na barra da saia da Josefa. Não precisamos de você!

— Vai ou não vai? – perguntou Lívia irritada com a própria decisão de ir.

— Vou! Tá bom? – disse ele quase chorando.

A escadaria que levava até o sótão parecia ter ficado maior. Não acabava nunca. A cada passo, um ranger mais forte de degraus os fazia estancar embolando-os num mesmo degrau.

— Se continuar assim, não vamos chegar nunca! – gritou Lelo que ia corajosamente à frente e, por conseguinte, era quem sempre parava repentinamente, atropelando os que vinham atrás.

— Larga do meu braço, moleque! – disse Lívia para Dezinho que estava grudado nela.

— Não largo não! Eu não queria vir. – disse justificando-se. – Vocês me obrigaram. Estou sendo levado à força, não se esqueça disso!

— Cale a boca, fedelho, veio porque quis! – retrucou a irmã empurrando o menino para trás.

— Fiquem quietos! Preciso escutar! Psiuuuu! – fez Lelinho, com cara feia.

A porta, ainda entreaberta, parecia ficar maior e mais assustadora a cada passo dado em sua direção. Mas, Lelo não desistiria, agora que já havia demonstrado tanta coragem frente aos irmãos. Suava em bicas, mas continuava.

Um último passo foi dado e, pronto! Todos já estavam dentro.

Dezinho tapou os olhos com as mãos, mas deixou os dedos entreabertos para ver alguma coisa, se houvesse algo a ser visto.

— Viram? Não disse? Não tem nada! – disse Lelo aliviado e pisando firme no assoalho como quem sabe o que está fazendo.

— É, mas quem garante que não vai aparecer? – replicou Lívia baixinho.

— Pare de falar! Desse jeito você vai atrair *a coisa* de novo – retrucou Lelo nervoso com a possibilidade da irmã estar certa.

À frente deles, próximo a um amontoado de velhos livros, estava o baú. Vagarosamente eles se aproximaram e constataram que realmente a fechadura fora aberta.

— Eu não disse? – falou Lelinho – A fechadura está aberta.

— Hum, hum... puxe a tampa para cima, então! –

pediu Lívia sussurrando.

Vagarosamente Lelo aproximou-se, hesitante, do baú. Suas mãos estavam úmidas de suor e seus dedos resistiam ao comando do cérebro. Depois de alguns segundos, que pareceram uma eternidade para o pequeno grupo, o menino, enchendo-se de coragem, que sabia não ter, segurou firme na borda da tampa e levantou-a, afastando-se o mais rápido possível dela. Um ranger estridente de dobradiças enferrujadas se fez ouvir e uma nuvem de poeira levantou de dentro do baú, assim que a pesada tampa pendeu para trás. Um silêncio aterrador se fez a seguir. Três pares de olhos extremamente abertos e atentos fixaram-se, imóveis, no conteúdo da misteriosa caixa.

Aos poucos, e ainda com os corações em disparada, eles foram se aproximando do baú.

— Pronto! – disse Lelo agora mais aliviado por não ter saído de lá nenhuma caveira, fantasma ou coisa do gênero.

— O que é isso aí dentro? – perguntou Dezinho espiando meio de longe. – Parece um uniforme militar!

— Acho que é sim, é bem antigo, me parece. – concluiu Lívia, esticando o olho para dentro do baú.

Nesse momento, iluminado pela parca luz do sol que penetrava pela janela, alguma coisa brilhou dentro do baú, refletindo um pequeno raio reluzente que os fez imediatamente recuar.

— Vejam! Vejam! – gritou Lelinho. – Tem alguma coisa brilhando aí dentro! – disse apontando com o dedo na direção do objeto.

Lívia, vencida pela curiosidade, aproximou-se para espiar mais de perto e observou que uma pequena caixa dourada, acomodada entre as roupas, estava a reluzir dentro do baú.

— Achei – disse ela. – É aquela caixinha ali – disse apontando para a caixa. – Vamos pegá-la? – perguntou aos irmãos.

— Se já chegamos até aqui... melhor é ver o que é isso. – disse Dezinho empurrando a irmã para mais perto do baú.

— Não me empurre seu estúpido! – gritou com o irmão. – Eu pego se eu quiser! – disse irritada.

— Alguém vai ter que pegar essa coisa. – concluiu Lelo decidido. – Vamos tirar par ou ímpar. Quem perder pega!

No par ou ímpar, Lívia perdeu.

Esticando a mão o mais que podia, sem encostar no baú, é claro, Lívia apanhou num zás-trás a caixa, afastando-se dele ligeira.

— Peguei, pronto, peguei! – disse aliviada e orgulhosa por seu imenso feito. – Vamos para perto da janela. Eu abro! Eu peguei, eu abro! – disse empurrando com energia os irmãos que estavam se amontoando à sua frente.

A caixa, revestida de um material dourado, possuía delicados desenhos em alto relevo de pequeninos anjos dançando alegres no centro de um jardim florido. Era belíssima e os fascinou. Uma pequena chave, também dourada, estava na fechadura. Colocaram então o pequeno objeto em cima de um banco e cuidadosamente Lívia girou a chave, que mantivera a reluzente caixa fechada, talvez por anos.

Um "clic" se fez ouvir e pronto, estava aberta.

Lívia levantou a tampa e o som de uma música de ninar encheu o ambiente.

— É um porta jóias! – disse ela encantada com a

delicadeza do objeto. – Vejam! Tem algo aqui dentro. – falou apanhando um pequeno saquinho de veludo vermelho de dentro do porta jóias.

Lívia segurou o saquinho entre as mãos por alguns segundos. Uma estranha sensação de paz e alegria, sem nenhum sentido aparente, tomou conta dela. Pareceu então ouvir o riso de um menino e seu corpo todo estremeceu.

— Vamos! Abra logo para a gente ver o que tem aí. – disse Lelo ansioso. – Talvez tenha um colar de brilhantes, um anel, alguma jóia rara, sei lá! Vamos, abra logo, sua lerda!

Intrigada ainda com o que acabara se sentir e ouvir a jovem desamarrou o laço que mantinha o saquinho fechado, puxando lá de dentro, um cacho de cabelo loiro preso por uma fita vermelha.

— Cabelo! Só tem cabelos! – espantou-se Lelo – Cabelo de criança, pode crer! – conjecturou ela desiludida com a descoberta.

— Veja se tem mais alguma coisa. – pediu ele.

— Tem, alguma coisa no fundo do saco – respondeu a irmã colocando, cuidadosamente, o cachinho de cabelos de volta no porta jóias.

Sacudiu o saquinho de ponta cabeça e "plim, plim", rolou de lá de dentro um pingente de ouro.

— É um pingente! Um pingente em forma de anjo, igual aos do porta jóias, vejam! – disse ela colocando o pequeno anjinho ao lado dos demais desenhos. – É igualzinho. De quem seria?

A música parou repentinamente de tocar.

— Acabou a corda – disse Dezinho – Vire a caixa e dê corda de novo. Gostei dessa música. Conheço não sei de onde.

Lelo apanhou o porta jóias e virou-o procurando a

manivela. No momento em que o menino virou a caixa um envelope amarelado caiu do fundo dele.

— O que será isso? – disse Lelo apanhando o envelope do chão.

Curiosos Lívia e Dezinho se aproximaram do irmão.

— Abra! Vamos ver o que está escrito aí. – pediu Lívia a Lelo, ansiosa.

— Não dá para ler... não consigo entender o que diz aqui.... parece outra língua, sei lá. – comentou ele virando a carta de um lado e de outro tentando saber onde estava o começo e onde estava o final dela.

— Dê aqui! – disse Lívia tomando a carta das mãos do irmão – Quem mandou se meter a besta? Se não consegue ler, dê para quem consegue!

— Estúpida! Quero só ver sua cara agora! – disse ele provocando a irmã que, da mesma forma, virava a carta para lá e para cá. – Leia! Vamos "dona boa", leia! Você não é a tal, leia agora! – continuava provocando a menina. – Tô esperando! O que foi, perdeu a língua?

No meio dessa descabida discussão um sopro frio e forte os fez parar de pronto.

— De onde veio isso? – falou entre dentes, Dezinho, que assistia calado. – Eu que não fico mais aqui!

Escondido em um canto escuro do sótão, tio Henrique observava a discussão dos sobrinhos e, resolvendo pôr fim ao papo antes que acabassem por rasgar a preciosa descoberta, encheu os pulmões e soprou com toda a força na direção deles.

Os três entreolharam-se assustados. Apanharam o porta jóias de cima do banco e desceram correndo as escadas do sótão levando com eles a misteriosa carta.

— Ufa! Caramba! Essa foi por pouco! – disse Lívia depois de tomar fôlego várias vezes. – Tem alguém lá em cima, sim!

— Cadê a carta? – perguntou Lelinho – Você não deixou lá, não é?

— Não, tá aqui comigo. – respondeu ela agarrada à carta.

— Poxa! Se a gente contar ninguém vai acreditar na escola! Que férias! Até fantasma a gente viu! – disse Dezinho entusiasmado com tudo o que tinha acontecido.

— A gente não viu, não! – disse Lelinho. – A gente sentiu só o danado... só sentiu o bafo dele! E que bafo gelado!

— E nem quero ver! – respondeu Lívia. Depois de uma pausa ela continuou: – Quando o vovô chegar a gente dá a carta para ele. Se consegue traduzir o que está escrito, a gente desvenda esse mistério todo.

Nesse instante Josefa entrou na sala.

— O almoço já está na mesa, crianças! Venham comer enquanto está quentinho. Olarinho esteve aqui à procura de você Lelinho – disse ela enquanto se dirigiam para a cozinha – Ele falou que voltará mais tarde.

PESCARIA

Lá por volta das três horas Olarinho chegou.

— Vim cedo aqui mas vocêis não tavam. – contou o menino, sorridente como de costume.

— É, a gente estava fazendo umas coisas. – respondeu Lelinho sem detalhar mais as explicações.

— O que vamos fazer hoje? – perguntou Dezinho.

— Se quisé a gente pode andar por aí. Tem muito lugar bonito por estas bandas. Tem um riacho lá pro lado do sítio do seu Tonho que é uma beleza, só falta os peixe pulá prá fora d'água de tanto que tem. Se duvidá a gente pode até ir pescá. Que ocêis acham?

— Eu topo! Adoro pescar. – respondeu imediatamente Lelinho – Onde nós pegamos as varas?

— No paiol tem um montão. Vamo lá pegá. – disse o menino. E você? – dirigindo-se a Lívia – Vai com a gente ou qué ficá por aí...?

— Aqui eu não fico sozinha, não! Vou junto. Peguem uma vara para mim também. Vou trocar de roupa e encontro vocês no paiol. – disse saindo.

— O que houve com ela? – perguntou Olarinho desconfiado – até parece que está com medo de ficá na casa.

— É mais ou menos isso. Depois eu conto o que aconteceu hoje de manhã. – respondeu Lelo ao amigo.

Minutos depois o grupo seguiu pela estrada em direção ao sítio de seu Tonho. A paisagem era impressionante. Revoada de pássaros a cada instante se erguia do chão em um bailado magnífico em coreografias no céu de inverno, muito claro e límpido.

Lívia observava com atenção.

— Como é que pode? – dizia ela – parece que treinaram isso tudo. Parece que vão se chocar umas nas outras, mas não. – Não conseguia acreditar no que via.

— Parecem com aqueles aviões, como é mesmo o nome? – perguntou Dezinho ao irmão.

— Esquadrilha da Fumaça. – respondeu Lelinho.

— É, isso mesmo! Esquadrilha da Fumaça! Papai nos levou para ver de perto um dia. Foi chocante, cara! –disse a Olarinho. – Os aviões pareciam se chocar a cada minuto. Tiravam cada "fina" um do outro que só vendo mesmo! Isso sem contar as piruetas que faziam um em cima do outro, cara! Um barato! Você já viu esses aviões? – perguntou a Olarinho.

— Bem... só na televisão um dia. – respondeu.

— É demais! Precisa ser macho prá fazer uma coisa daquelas – completou Dezinho. – Nem por todo o dinheiro do mundo eu encarava essa.

— Você? Você não encara nada, pirralho! –provocou Lívia desmanchando o cabelo dele com as mãos. – Se duvidar não vai ao banheiro sozinho de noite. – comentou, caçoando do irmão.

— Qual é? Vai querer encarar é? – enfrentou o menino ferozmente.

— Calma! calma! Eu só estava brincando, Dezinho! – disse ela tentando acalmar a fúria do pequeno. – Você é

Um Fantasma de Peso 151

macho sim, um grande machucado. – disse antes de sair correndo de perto do irmão.

— E por falar nisso, – disse Olarinho – o que é que você ia me dizê depois? – perguntou a Lelinho.

— Nem te conto! – disse Lelinho sério. – Aconteceu uma coisa muito estranha hoje no sótão da casa.

— O que foi? – perguntou intrigado o menino.

Lelinho narrou ao amigo tudo, tim-tim por tim-tim.

— Meu Deus! Então tem coisa mesmo lá! – concluiu Olarinho. – Tem gente que afirma de pé junto que já viu luz lá artas horas da madrugada, quando não tem ninguém na casa, ninguém mesmo! – disse de olhos bem abertos.

— É? – espantou-se Lívia.

— É – respondeu o menino com uma entonação de dar medo na voz. – Tem arguns que dizem até ter escuitado barulho, gente andando e arrastando coisas.

— Minha nossa! Será que vovô sabe disso? – perguntou Lelinho apreensivo.

— Não sei não. Tarveis não saiba – respondeu o guri. Quem gostava de ficá lá por várias horas era o tio de oceis. – disse o menino. – Tinha veis que ele chegava quase amanhecê lá dentro. Minha mãe é que conta. – depois de uma pausa aterradora perguntou: – Será que é a alma dele que tá perdida lá dentro?

— Essa conversa tá me dando dor de barriga! – disse Lívia esfregando as mãos no abdômen.

Percebendo a aflição de Lívia e tentando ser gentil, Olarinho disse:

— Se quisé a gente para prá ocê "garrá o mato" – disse o menino parando de repente.

— "Garrá o mato"? O que é isso? – perguntou ela, já desconfiando que não ia gostar da resposta.

— É arriá, desaguá. – respondeu ele calmamente.

— Não quero arriá, moleque! – Eu lá sou bicho para arriá no meio do mato? – disse ela irritada – quero é parar com essa conversa idiota de gente andando prá lá e prá cá.

Lelo e Dezinho partiam-se de rir da cara enfezada de Lívia que, toda metida a patricinha, fora gentilmente convidada a arriá no mato, pelo Olarinho.

— Cê que sabe – respondeu ele sem se incomodar com o "surto" da menina. – A hora que apertá é só falá, tá bão? Ocê que sabe como tá seu intestino, ué! – disse dando de ombros.

Os dois moleques não conseguiam parar de rir e quanto mais riam mais Lívia ficava vermelha, parecendo que ia explodir a qualquer momento.

— Não vou mais! Vou voltar! – disse ela num repente de raiva.

— Vocêis da cidade tem cada uma que só vendo! – disse Olarinho num desabafo, balançando a cabeça desanimado – Nóis aqui não tem dessas frescuras não! Quando a gente se aperta, vai logo aliviá e pronto! Credo!

— Já disse que não estou apertada, entendeu? – respondeu ela mais calma.

— Então vamo continuá – disse o menino ajeitando as varas nos ombros.

— Vamos! – disse ela decidida a não dar bola para os irmãos.

A pescaria foi boa. Em poucas horas encheram de lambaris o embornal que haviam levado. Satisfeitos e cansados voltaram para a fazenda esquecidos do ocorrido naquela manhã.

A tarde já ia caindo quando entraram na cozinha.

— Josefa, Josefa! – chamou Dezinho – Você pode fritar para nós? – perguntou Dezinho espalhando os peixes em cima da pia. – Tô morrendo de fome. Deixe bem torradinho, tá bom?

— Hummmm! Que delícia! Vou querer provar um pouco também. Posso? – disse ela sorrindo para o garoto.

— Claro! Tem o bastante para um batalhão. – respondeu ele orgulhoso da pescaria, enquanto despejava seu embornal em cima da pia...

VISITAS PARTICIPAM DO CULTO DO EVANGELHO

– **M**eus pais já chegaram? – perguntou Lelinho.
— Já. Estão na sala. Trouxeram uns amigos para jantar com vocês. – respondeu ela.

— Amigos? Que amigos são esses? A gente não conhece ninguém daqui. – indagou Lívia surpresa com a notícia.

— Vão lá ver. – respondeu Josefa. – Acho que você vai gostar. – disse para Lívia – Pelo menos foi o que sua avó disse quando chegou.

Olhando-se de alto a baixo, Lívia assustou-se com sua imagem. Estava toda suja de lama e capim. Suas mãos cheiravam a peixe e seu rosto mais parecia uma lata de óleo escorrida. Fez um ar de nojo, ao constatar seu estado crítico.

— Pô! Estou fedendo! Vou para o meu quarto antes. Sei lá quem está aí. Preciso tomar banho primeiro e me arrumar melhor... – disse ela já imaginando qual a roupa que escolheria para se vestir. – Acho melhor vocês tomarem um banho também, moleque fede mais do que menina! – disse piscando para Josefa, que riu da colocação da menina.

Na sala de estar da casa da fazenda dona Carmem conversava animadamente com Sofia e Maria Clara enquanto doutor Luiz mantinha-se entretido à procura do Evangelho na estante da sala, sendo auxiliado por Vitória e Eunice. Paulo, a um canto, mostrava para Teixeira alguns artigos espíritas que o sogro havia escrito dias antes.

— Veja que interessante este artigo sobre a cumplicidade que temos uns para com os outros – dizia ele entusiasmado.

— Com toda a certeza! – dizia ele passando os olhos minuciosamente pelo papel. – Doutor Luiz é dotado de grande habilidade no escrever, ou melhor ainda, na maneira sutil de nos puxar as orelhas – disse rindo gostosamente.

— Seus artigos são sempre muito bem-vindos aos corações – afirmou Luiz. – A maioria deles são publicados no jornal da capital semanalmente e, quando não o faz por algum motivo de força maior, as reclamações são muitas, acredite!

— Hum, hum... – concordou Teixeira.

— Tornamo-nos espíritas, eu e Sofia, graças a influência dele e de dona Carmem em nossa juventude. Bem... – disse ele meneando a cabeça – você sabe disso, meu caro! Desde aquela época que, infelizmente já vai longe, não deixamos mais essa doutrina tão maravilhosa que nos abriu novos horizontes de vida não apenas material. Confesso que devemos a eles, em grande parte, a serenidade com que pudemos enfrentar todas as dificuldades do nosso caminho até os dias de hoje. – disse, confessando explicitamente sua admiração pelos dois. – Gostaria de poder compartilhar mais da presença deles a nosso lado. São tão poucos os momentos em que podemos nos encontrar... Sofia sente falta dos conselhos de dona Carmem... – disse com o olhar perdido em pensamentos – ela perdeu a mãe muito jovem ainda. Dona Carmem assumiu esse papel enquanto morávamos na capital, lembra-se?

— Sim, sim... – disse Paulo recordando-se de tantas vezes em que Sofia estivera ao lado deles na mocidade.

— Pois é. Depois viemos para cá e os encontros foram se tornando cada vez menos freqüentes. Uma pena – lamentou ele – uma pena mesmo.

— Mas vocês continuam a se encontrar, vez por outra, não é mesmo? – perguntou Paulo.

— Sim e não. – disse rindo – Telefonamos, escrevemos, essas coisas mas, pessoalmente poucas são as vezes em que realmente podemos nos ver. Feliz de você, que os tem a seu lado! – disse batendo com as mãos nos ombros do amigo. – Aproveite! Aproveite a experiência desses dois! Um bom conselho ouvido e aplicado é meio caminho andado!

— Eu sei, meu caro, eu é que sei! – disse enquanto relembrava o quanto doutor Luiz já lhe havia aconselhado a parar um pouco, não correr tanto atrás das coisas materiais e a permanecer mais tempo junto à família.

— Achei! Está aqui! – disse doutor Luiz com o pequeno livro nas mãos. – Tinha certeza de que Henrique possuía um exemplar dele aqui na fazenda. Não se separava dele nunca!

O livro foi colocado delicadamente sobre a mesa. Doutor Luiz olhou-o como quem olha para o passado e relembrou a figura do cunhado.

— Bem, então já podemos chamar as crianças e iniciar o culto no lar. – disse dona Carmem à filha. – Vamos, meninas! Sentem-se aqui. – disse para as duas jovens. – Quero que fiquem ao lado da vovó está bem?

— Não precisava nem pedir – falou a pequena Eunice correndo em direção à mesa. – Vou sentar aqui, deste lado e você senta lá, Vitória. – falou apontando para a cadeira à esquerda de dona Carmem.

Maria Clara, minutos depois, entrou sorridente trazendo Lívia, Dezinho e Lelo pela mão.

— Estes são meus filhos! – disse fazendo as apresentações de praxe. Lívia vocês já conhecem, não é mesmo?

— Como vai, minha querida? – disse Sofia beijando a menina. E vocês? – falou referindo-se aos meninos. – Como estão crescidos! A última vez que os vi eram bebezinhos ainda. – concluiu sorridente.

Vitória foi ao encontro de Lívia abraçando-a e beijando seu rosto com alegria.

— Nem acreditei quando vovó nos convidou para o culto aqui esta noite! – disse ela satisfeita. – Eu e Eunice gostamos muito da visita que nos fez e estávamos pensando em quando nos veríamos novamente – disse ela com um largo sorriso nos lábios.

— Obrigada! – disse Lívia encabulada com a postura tão gentil de Vitória. – Eu também gostei muito de vocês terem vindo aqui – respondeu tentando parecer gentil.

— Vamos nos sentar. Vovó já fez sinal para nós. – falou Eunice puxando a irmã pela mão.

Sobre a mesa, Maria Clara havia estendido uma toalha de linho branca e um vaso com flores do campo estava no centro dela. Uma jarra de água e alguns copos estavam arrumados sobre uma bandeja.

Doutor Luiz colocou um CD com música suave e todos se sentaram em seus lugares. Paulo diminuiu um pouco a intensidade da luz para que todos pudessem se concentrar melhor nas palavras do Evangelho.

Uma singela oração foi feita por doutor Luiz para dar início ao culto. Dona Carmem abriu uma página do livro e leu-a pausadamente para que todos, crianças, jovens e adultos pudessem acompanhar atentamente a leitura. Assim que terminou fez um longo silêncio e falou:

— Esta bela mensagem que acabei de ler parece ter sido escolhida pelos céus para esta nossa pequena reunião, meus filhos, pois trata de um assunto que diz respeito a todos nós aqui presentes. Fala-nos da família, fala-nos dos compromissos que assumimos antes do reencarne com os membros que irão compor a nossa família material, a nossa família terrena.

Os olhos da matrona pareciam adquirir um brilho intenso à medida que ela falava e sua fisionomia foi se tornando cada vez mais serena, mais leve, diferente. Lívia, sentada na frente da avó, pareceu perceber essa transformação e não conseguia tirar os olhos da avó, enquanto ela falava.

— *Muitos são os caminhos que nos levam à evolução espiritual, mas é no seio familiar que realmente adquirimos a base, o sustentáculo que nos conduzirá ao triunfo futuro em nossa caminhada pela vida terrena, nem sempre fácil –* argumentou ela olhando meigamente para todos. – *Quando recebemos com alegria em nosso lar um novo serzinho, revestido na figura de um bebezinho indefeso, sorridente e muitas vezes chorão –* disse sorrindo – *não poderemos prever, de imediato, qual será seu destino sobre a face da terra e nem mesmo quais serão as verdadeiras ligações espirituais que terá conosco. Ali, sobre o berço aquecido pelo amor dos pais, avós e irmãos, está um ser com infindáveis vivências espirituais, talvez superiores às nossas ou, quem sabe, extremamente carente de orientação para que possa levar a termo o compromisso que assumiu para esta encarnação.* – fez uma pausa e depois continuou: – *Um ser que nasce, meus filhos, não é uma tela em branco na qual os pais podem fazer belos traçados e expor em museus para apreciação dos melhores críticos. Um ser que nasce traz impresso em sua alma as experiências passadas, apenas adormecidas, mas presentes, marcantes, boas ou más.*

A música suave parecia fazer com que todos flutuassem ao embalo sereno das palavras de dona Carmem, que ressoavam despertando a todos para a responsabilidade da maternidade.

— *A família é o primeiro elo de uma extensa corrente que se estenderá por toda a vida daqueles que ora abrigamos como filhos e filhas. Somos o elo de uma corrente que não poderá se quebrar. Caso um dos elos se desfaça* – disse fazendo uma pequena pausa – *todo o esforço em prol de nossa evolução será atingido e prejudicado, fazendo com que nos detenhamos por longo tempo na busca de sua recuperação. Só seremos fortes, vencedores se estivermos unidos! Só uma família unida atinge seus objetivos! Só uma família que sabe descobrir em cada um dos seus membros o amor que ele tem para dar sairá vencedora nesta longa batalha que é a reencarnação!* – fez uma longa pausa, como a relembrar as vicissitudes da vida terrena e depois continuou: – *Missão difícil, ser pai e mãe... Missão que envolve dor, sofrimento, mas também alegrias sem fim. A cada passo da jornada de nossos filhos no caminho do bem, da evolução espiritual, do aprimoramento moral, é uma vitória nossa, conquistada com o suor do exemplo diário e constante, do amor irrestrito, da virtude demonstrada, da orientação no momento preciso. No entanto, quando os vínculos de vidas passadas nos chamam a resgates difíceis e dolorosos, torna-se ainda mais imperiosa a participação familiar consciente de suas responsabilidades com o filho desnorteado, perdido, alheio às verdades da vida espiritual. Somos parte de um todo, um todo que ruma à perfeição...* – disse ela com doçura na voz – *não podemos nos afastar daqueles que se atrasam no longo caminho... Como poderemos nós, pais e filhos, irmãos e irmãs, sermos felizes se um membro de nossa família sofre o nosso abandono por não conseguir ainda entender, lutar e enxergar o caminho certo? Somos, meus queridos, parceiros de Deus na conclusão final de sua obra! Não estamos a sós na jornada evolutiva! Precisamos uns dos outros como a planta precisa da luz e da água para sobreviver! Estamos ligados uns aos outros, acreditem! Precisamos entender a enorme responsabilidade que Deus nos deu, permitindo que nos tornássemos parte ativa no trabalho de evolução individual e coletiva. Só então conseguiremos desempenhar a contento a nossa missão, como pais e mães aqui na Terra. Somos parte do plano de regeneração e evolução espiritual com aqueles que colocamos sobre a face deste planeta!*

Maria Clara e Paulo tinham os olhos marejados de lágrimas. Sentiam o coração apertado com as palavras de dona Carmem. Nada antes, tocara tanto o coração daquele casal.

— *Quanto aos filhos* – continuou ela – *também farão parte desse compromisso, no futuro... Os filhos de hoje serão os pais de amanhã. Que se preparem para tanto. A infância e a adolescência bem vivida no amor, na atenção aos conselhos e o respeito aos pais fará com que se tornem, na fase adulta e produtiva, homens e mulheres conscientes de seus deveres para com a família que formarão.*

Os jovens remexeram-se nas cadeiras, concordando com as palavra da avó. Reviviam cenas, atitudes, condutas nem sempre tão corretas, tão responsáveis, sabiam agora.

— *A vivência na terra é passageira, diante da eternidade de vida que nos espera além da morte. É preciso nos prepararmos*

– disse sorrindo para as meninas. – *Não precisamos sofrer dores inúteis, se não quisermos. Temos o livre-arbítrio a nosso dispor.... podemos usá-lo sempre que necessário. Se nos divertirmos em passeios ao shopping fazendo inúmeras compras, em danceterias animadas, em namoricos com os amigos é bom e nos atrai, ótimo! Isso tudo faz parte da juventude de vocês, assim como fez da dos pais de vocês! No entanto, nem só de divertimento e ociosidade vive o espírito! É preciso muito mais do que isso para nos tornarmos capazes de comandar nossas vidas. É preciso estudar com consciência, trabalhar com responsabilidade. Para ganhar o sustento do corpo é preciso também alimentar o espírito com predicados morais, exercitando a caridade, auxiliando os amigos inclinados aos vícios, aconselhando e ajudando sempre a se reerguerem. Saber ouvir o conselho dos pais é abreviar o sofrimento. Que pai daria um mau conselho ao filho que gerou? Pois então? Por mais que o conselho de um pai ou uma mãe possam parecer descabidos aos filhos que vivem em épocas diferentes, o conselho, se analisarmos bem, sempre será útil. As convenções mudam nos novos tempos. Mas lembrem-se sempre de que, em se tratando de relacionamento duradouro entre casais que se amam e pretendem constituir uma família, é preciso que haja sempre a fidelidade de sentimentos, o respeito irrestrito e a sinceridade. Isso, meus netos, não mudará jamais!* – afirmou. – *Hoje estamos aqui a falar da responsabilidade que temos com a família que formamos. Mas, o que diríamos daquelas famílias formadas num apenas "ficar de fim de semana" depois do divertimento sem responsabilidade?* – fez uma longa pausa e depois continuou com suavidade na voz: – *Teria esse serzinho gerado ao acaso, num ato apenas carnal, sem mais compromissos futuros, o mesmo acolhimento que tem um filho gerado com amor e planejamento dentro de um lar estabelecido previamente? Se acreditamos, como diz o Espiritismo de Allan Kardec e tantas outras religiões cristãs, que a alma é eterna e que muitas outras vidas ainda viveremos, precisamos estar atentos aos nossos mínimos atos, pois deles dependerão o nosso futuro e o daqueles que, de uma forma ou de outra, estiverem ligados a nós e aos nossos destinos. Cuidado! Essa é a palavra. Cuidado em tudo o que fizerem. Ponderação nas atitudes, discernimento no que está certo ou errado e coragem para dizer um veemente não quando for preciso! Sei que todos aqui somos capazes de entender o que Deus espera de cada um de nós. Não é muito, acreditem! – sorriu – Ele espera apenas que façamos a nossa parte silenciosa e constantemente.*

Dona Carmem terminou de falar, fechou os olhos e permaneceu assim por algum tempo.

Doutor Luiz, percebendo o que havia ocorrido, com a esposa, agradeceu comovido as palavras proferidas e perguntou aos demais se havia alguma coisa que gostariam de dizer além do que já havia sido dito.

— Olhe, vovô! – disse Eunice apontando para a jarra de água sobre a mesa. – Ela está repleta de bolhinhas. Que legal!

— É verdade – disse Dezinho. – Tá mesmo. O que é?

— É sinal de que bons fluidos foram derramados nela. – Concluiu Teixeira sorrindo.

— Eu vi uma luz e um vulto enorme, grande mesmo, ao lado da senhora, vovó. O que era aquilo? E... por que só eu vi? – perguntou Lívia interessada na explicação da avó.

— Bem, – disse a senhora rindo – eu acho que você viu seu tio Henrique, querida. Penso que você esteja desenvolvendo sua mediunidade, meu bem. Ela permite que algumas pessoas vejam o que se passa do lado de lá da vida material, entendeu? Senti a presença dele o tempo todo conosco. Transmitiu-me as palavras que vocês ouviram. Henrique dava muito valor à família bem constituída na união de valores. Dizia sempre que nela está a salvação de nosso mundo. Ele não conseguiu ter os filhos que tanto desejou... – fez uma pausa emocionando-se – Seu pequeno Felipe desencarnou muito jovem e depois... depois Deus não lhe deu mais a oportunidade de tê-los.

Lívia estremeceu. A lembrança do ocorrido pela manhã lhe veio à mente. *"Então aquele cachinho de cabelo lá em cima era... era do filho de tio Henrique – pensou. – E aquela carta estranha... de quem será?"*

Após o encerramento da pequena reunião, todos beberam a água fluidificada e fizeram comentários sobre a explanação de dona Carmem e o quanto realmente ela havia tocado seus corações, em busca de ajuda espiritual na criação dos filhos.

Na cozinha, Josefa dava os últimos retoques no jantar e as mulheres foram ter com ela para ajudá-la, minutos depois. Os homens e os meninos sentaram-se nas espreguiçadeiras e deixaram a conversa rolar solto.

O FANTASMA DESAJEITADO

Lívia e Vitória retiraram-se para a biblioteca a fim de guardar o exemplar do Evangelho na estante.

Aproveitando a oportunidade, Lívia perguntou a Vitória.

— Interessante... – disse ela preocupada – eu nunca tinha visto nada antes, será que agora vou passar a ver coisas do lado de lá, toda hora? – E antes que a amiga pudesse responder disse: – Eu não quero que isso aconteça! Deus me livre disso!

— Pelo pouco que ainda sabemos a esse respeito, isso não acontece segundo a nossa vontade – disse a menina. – Parece que não podemos controlar a clarividência conforme desejamos. Minha mediunidade é da audiência. Ouço mas, não vejo.

— Você é médium? – perguntou ela, como se aquilo fosse o fim do mundo.

— Sim, desde menina. – respondeu Vitória sorrindo. – A primeira vez da qual posso me lembrar, acho que... tinha uns oito anos mais ou menos. Foi bem interessante!

— Credo! Cada uma! – disse sem pensar. – Ah! Desculpe, não quis ofender! – completou sem graça.

Um Fantasma de Peso

— Ofender? Longe disso, Lívia! E sinto-me honrada com essa possibilidade. Você não imagina o quanto tem sido útil em minha vida.

— E que utilidade poderia ter ouvir espíritos o tempo todo, me desculpe perguntar – falou Lívia colocando o livro na prateleira – não consigo ver a utilidade desse fato em nossa vida prática.

— Cuidado! – gritou Vitória. – O degrau!

Escabuuum! E lá veio Lívia despencando da escada em que subira para alcançar a prateleira.

— Nisso! – disse Vitória rindo. – Também nisso! – disse aparando a menina a um passo do chão.

— Como é que você sabia que o degrau estava solto? – perguntou assustada.

— Eu não sabia, foi alguém que me disse. Entendeu agora? Às vezes isso acontece. Mas não vá pensando que é sempre, não!

— Caramba! Ainda bem que hoje foi uma das vezes! Pronto! Você já me convenceu! – disse levantando-se do chão – agora já pode parar com a demonstração, está bem?

— Eu não fiz nada, não, Vitória! Apenas ouvi em tempo, só isso. – disse a menina sem jeito.

— Eu sei, eu sei, foi só maneira de falar – respondeu rindo. – Vamos sair daqui – disse puxando Vitória pela mão, em direção à porta. – Não gosto desse lugar, me dá arrepios!

— Vamos, vamos! – concordou a menina enquanto era arrastada pela outra.

O enorme vulto, visto por Lívia ao lado da avó, ria do ocorrido. Na verdade fora ele quem avisara Vitória da possível queda da sobrinha, pois aquele degrau já estava quebrado desde antes de sua morte. Silenciosamente, levantou seu pesado corpo da cadeira e, desajeitado como sempre, bateu com o cotovelo sobre uma pilha de livros que estavam sobre a mesa, derrubando-os no chão.

— Santa Mãe! Quando é que eu vou parar com isso? – resmungou contrariado.

— Acho que nunca, papai! – disse Felipe, seu filho, que o acompanhava nesta noite. – O senhor sempre será assim! – disse rindo muito da fisionomia de preocupação do pai. – E depois, o que importa tudo isso? Se não fossem suas aparições talvez muita coisa continuasse na mesma não é? Lembra-se do caso do velho Chico valentão? Se não fosse o susto que levou com sua cara enorme na janela da casa dele, com toda a certeza estaria até hoje batendo no pobre do filho – disse relembrando o episódio. – Venha, deixe ver seu cotovelo!

— O que foi isso? – gritou Lívia olhando para os livros esparramando-se pelo chão.

— Não sei – respondeu Vitória de olhos fixos no chão.

—Mãe! – gritou Lívia aterrorizada. – Mãe! Acuda! Venham aqui!

— Calma, calma! – acudia Vitória. – Calma! Lívia, não foi nada.

Todos acorreram ao encontro da menina assustados pelos gritos.

— O que foi? O que aconteceu, minha filha? – disse Maria Clara abraçando a filha que tremia sem parar.

— Os livros! Os livros! – falava ela sem parar. – Os livros pularam da mesa sozinhos! E a escada, a escada quebrou sem mais nem menos!

— Como? Que livros? – perguntou o pai apreensivo dirigindo-se a Vitória, que se mantinha mais calma.

— Alguém derrubou os livros da mesinha, seu Paulo – disse ela apontando para o chão – acho que não queria nos assustar, mas derrubou.

— Eu bem disse que esta casa tem fantasmas! – afirmou Lelinho como quem acaba de descobrir a América.

Percebendo o que acabara de ocorrer, dona Carmem disse:

— Vamos, crianças! Vamos para a sala. Vamos nos acalmar, para tudo há uma explicação, não é mesmo?

— Sim, vamos! – concordou doutor Luiz, chamando todos com as mãos – Vamos dar um copo de água com açúcar para esta pequena aqui. – falou afagando os cabelos da neta.

Henrique, Henrique! Você só me apronta! – disse dona Carmem, rindo em pensamento.

— Vovó, o que foi aquilo? Por favor! – perguntou Lívia mais calma. – Eu preciso saber!

— Está bem, querida, está bem! – disse ela batendo com as mãos nos joelhos como quem não pode mais esconder os fatos. Era seu tio. Era seu tio Henrique. Eu, sinceramente, não gostaria que sentissem medo dele, não há motivo para isso, acreditem na vovó! – explicou, olhando para os netos de olhos esbugalhados que haviam se sentado à sua volta – fez uma pausa e depois continuou: – Desde que ele se foi, desde que ele desencarnou há quatro anos, que algumas vezes ele tem aparecido por aqui e... é visto ou sentido, entenderam?

— Não! – disseram Lívia, Dezinho e Lelinho uníssonos no desespero.

— Crianças! – disse o avô. – Até parece que vocês nunca ouviram falar de espíritos?

— Eu já ouvi – respondeu Eunice. – Já ouvi várias vezes. Tem os bons e tem os menos bons, não é mamãe? – disse a pequena olhando para Sofia.

— É, minha pequena. – respondeu Sofia.

— Eu não tenho medo. Não tenho mesmo! – afirmou categórica. – Meu anjo protetor não deixa os maus se aproximarem de mim. Papai que falou! – concluiu ela sorridente.

— É verdade! – disse Teixeira. – É a pura verdade.

— Pois então, seu tio não é um espírito mau. Ele só está, na verdade, tentando ajudar! – afirmou dona Carmem. – Só que ele é... digamos, muito desajeitado! – disse rindo muito. – Quando andava por aí, ia levando quase tudo junto. Henrique parecia uma criança grande, que Judite repreendia a todo instante. Pesado e bastante gordo, falava gesticulando muito, o que não deixava de ser um perigo para os bibelôs que enfeitavam as prateleiras e móveis da casa – completou gargalhando.

— Ajudar! Vá ajudar assim lá no inf.... – calou-se Lelinho repentinamente.

Desvendando o mistério da carta

— Então tá explicado aquele barulho... o baú... – falou Dezinho.

— Que baú? – perguntou a mãe.

Os três jovens se entreolharam.

— Aconteceu uma coisa hoje cedo, mamãe! – disse Lívia tomando à frente. – Lá em cima, no sótão.

Depois de narrarem o ocorrido, cada qual dando a sua versão do caso, silenciaram à espera de que alguém se pronunciasse sobre o assunto.

— Então, era ele também lá em cima, vovó? – perguntou Lelinho.

— Com certeza, sim! – disse a avó. – Henrique costumava passar horas remexendo naqueles baús relembrando tempos passados, reavivando suas lembranças queridas. Não é porque morreu que deixou de ter carinho por elas, não é mesmo?

— Trouxemos a carta estranha conosco. – disse Lívia. – Será que alguém aqui consegue ler o que está escrito nela? – perguntou tirando a carta amarelada de seu bolso.

— Deixe-me ver – disse o avô – Vamos tentar descobrir esse mistério! – falou, enquanto apanhava a carta das mãos da neta. – Hum, hum... está escrita em alemão, por isso vocês não conseguiram ler – falou, ajeitando os óculos no rosto.

— Você sabe ler em alemão, vovô? – perguntou Dezinho agitando-se na cadeira.

— Vamos ver se ainda consigo. Faz muito tempo que não pratico essa língua. – respondeu ele pensativo.

Sentou-se e, ao seu redor, os demais puxaram suas cadeiras para ouvir.

Carta nº 679 – 14/06/95

" Ao meu querido filho Felipe

É noite, meu filho, noite alta. Lá fora as luzes de há muito já se apagaram e apenas o luar está a iluminar este pedaço de papel em que agora escrevo, trancado neste sótão.

Uma dor infinita corrói minha alma solitária, nesta noite. Uma dor fina e persistente vai penetrando devagar, bem devagar dentro de meu ser, expulsando de lá, toda a esperança, todo o imenso amor que tanto eu sonhei lhe dar.

Quando anos atrás, relutante e sob uma torrente de lágrimas de saudade, fechei seus olhos para a vida material, senti que, desmensuradamente, eles, imediatamente se abriram para a vida espiritual. Confesso que, agradecido a Deus por tê-lo acolhido rapidamente em seus braços sem mais sofrimentos, prostrei-me de joelhos ao chão.

No entanto, eu aqui fiquei a carregar comigo, este enorme vazio a me fazer companhia vida afora.

Não, não quero e nem quis julgar os desígnios do Pai... dou-me apenas o direito de lembrar e sonhar tantas e quantas vezes me forem necessárias até que, um dia eu possa, quem sabe, revê-lo na eternidade.

Neste últimos anos, querido filho, tenho vindo aqui e, sentado nesta cadeira. Tenho pensado em como seria a nossa vida, minha e de sua mãe, se ainda o tivéssemos ao nosso lado como antigamente.

Vez por outra, quando na companhia de nossos amigos, observo a satisfação com que acariciam seus filhos, uma pequena pontinha de inveja me chega ao coração, sem que eu deseje.

Gostaria tanto de também poder sentir o calor de seu afago, sentir a alegria infinita de um abraço bem apertado e retribuir tudo isso dizendo "eu te amo, meu filho, eu te amo..." como tantas e tantas vezes fizemos antes de sua abrupta partida.

Algumas vezes daqui do sótão, olho pela janela e parece que o vejo ainda correndo pelo jardim, atrás de seu cachorro. Fixo então a vista na esperança de que tudo não tenha passado de um sonho mau e sua imagem desaparece, restando-me apenas a sensação de que, de alguma forma, você permanece vivo em minhas lembranças.

Não, não digo nada a sua mãe ou a quem quer que seja! Guardo apenas comigo este meu deleite. Aqui, escondido de todos para que não percebam meu sofrimento, busco na leitura dos livros espíritas, o consolo de que minha alma ainda necessita, para que com minha tristeza não entristeça inutilmente os outros. Este é meu refúgio, filho querido.

Não pense, Felipe, que me tornei um fardo para alguém ou que tenha arrastado minha dor pelos cantos da casa como um troféu. Sofro calado. Uma saudade, meu filho querido, que busco transformar em alegria na figura dos jovenzinhos que cruzam o meu caminho, pois em cada um deles, vejo você.

Sua mãe nesses últimos anos, atirou-se de corpo e alma, forte e corajosa à Fraternidade, uma instituição que criamos logo após a sua desencarnação e em sua homenagem. Incansável batalhadora, é merecedora de todos os elogios e carinhos que tem recebido.

Hoje, tantos anos depois, sinto o corpo cansado. A idade já não me permite mais a agilidade dos tempos idos mas, estranhamente, minha alma está mais jovem, mais leve, apesar de tudo. Pressinto que minha hora está por chegar sem grandes avisos mas não tenho receio dela. Sei que você estará a meu lado nesse momento, assim como esteve presente em todos eles, em todas as ações de nosso dia a dia, intuindo-nos sempre, qual um anjo amigo e protetor.

Ah! filho querido! Como lamento pelos pobres pais que não descobriram ainda a maravilha que é possuir filhos! Como lamento pelos pais tão sem tempo, tão sem vontade, tão sem interesse pelos filhos.

Ah, se eles soubessem o quanto é dolorosa essa perda! Talvez, quem sabe, buscassem maior entendimento com os seus e mais sorrisos em vez de lamentações.

Vemos, eu e sua mãe, nas atividades da Fraternidade, situações em que a figura dos pais e seu interesse pelos filhos, seria primordial para um crescimento sadio. No entanto, são crianças lançadas à própria sorte e ao descaso mais cruel, sendo abandonadas dentro de seus lares onde, na verdade, só deveriam encontrar proteção e segurança. Através das palestras que lá são proferidas por nossos amigos e colaboradores, muitos acabam, depois de algum tempo, por se conscientizar da importância da família na formação de indivíduos sadios, mental e fisicamente, mas confesso que tem sido um trabalho exaustivo, meu filho. Um trabalho que não pode se vergar ao cansaço ou morreria apenas na entrega dos gêneros alimentícios para a matéria.

Já disse para sua mãe que, quando eu me for, não irei de todo! Ficarei por aqui muito tempo ainda, fiscalizando, ajudando, orientando, se me permitirem, é claro! Serei um *enorme e gordo "fantasma" "soprando" boas idéias e boas ações.*

Não sei como farei isso, ainda, mas no que depender de mim, não abandonarei os que precisarem de minha ajuda.

Prometo a você!

O dia já vem raiando, filho, e o sol já espreguiça seus primeiros braços por sobre esta terra bendita que tanto amo.

Devo descer agora. Sua mãe dorme e não quero que ela perceba minha ausência.

Um grande e afetuoso beijo.

Seu pai Henrique.

Assim que doutor Luiz terminou a leitura dona Carmem disse:

— Pobre Henrique! – falou com lágrimas nos olhos. – Esta carta foi escrita na madrugada da manhã em que ele faleceu. Observe a data! – disse ela apontando para o papel. – Ele cumpriu o prometido!

— Sim, está cumprindo o que prometeu a Felipe. – disse doutor Luiz, visivelmente emocionado.

— Precisamos entregar esta carta a dona Judite – disse Sofia enxugando os olhos – É belíssima! Belíssima! Traduz toda a delicadeza da alma de seu Henrique! – completou a senhora.

Os jovens permaneciam calados, observando a emoção dos pais e avós. Seus corações também estavam apertados, emocionados com tamanho amor de um pai pelo filho.

— Onde estarão as outras cartas? – perguntou Paulo – Por certo devem estar lá no sótão, também, não acham? – concluiu em seguida. – Precisamos achá-las!

— Com certeza! Eu nunca soube dessas cartas! – afirmou dona Carmem. – Judite nunca comentou nada.

Talvez nem mesmo ela saiba da existência dessas preciosidades! Pobre de meu irmão! Quanta dor guardava dentro de si! Nunca percebemos nada. – disse condenando-se. Quem poderia imaginar... um homem daquele tamanho sofrendo qual um menino! Graças a vocês, meus queridos, hoje pudemos constatar mais uma vez a grandiosidade da alma de meu irmão. Soube sofrer sua dor sem que isso afetasse os outros, sem que causasse mais sofrimento à esposa, pobre irmão!

— Henrique era dotado de muita sensibilidade, Carmem! Isso todos podiam perceber a olhos nus! – disse doutor Luiz afagando as mãos da esposa.

— Com quantos anos o filho dele morreu, vovó? – perguntou Lelinho.

— Felipe tinha 13 anos quando adoeceu repentinamente. Não deu tempo sequer de chegar ao hospital da capital. Faleceu nos braços da mãe, a caminho do socorro.

— Nossa! Que coisa estranha! – disse Lívia – Do que ele morreu?

— Nunca se soube ao certo. Uns dizem que foi meningite outros que foi uma doença desconhecida, mas o fato é que nada se pôde fazer em tempo... – respondeu ela, revivendo na lembrança o passado dolorido.

— Tio Henrique sempre nos falava dele – disse Vitória, que se mantivera calada desde a leitura – Tinha muito orgulho do filho e não se cansava de contar pequenos casos de quando ele ainda vivia aqui na fazenda. Pelo que ele contava, devia ser companheiro constante do pai em tudo o que faziam – completou ela.

— *Companheiros inseparáveis!* – falou Henrique que presenciara de longe a leitura da carta. – *Inseparáveis na luta, até hoje, graças a Deus, não é meu filho?*

Abraçados, pai e filho, ouviam calados os comentários dos presentes.

Sim, Deus houvera permitido que ambos trabalhassem lado a lado na espiritualidade. Companheiros de longas encarnações, Henrique e Felipe haviam criado laços eternos de afetividade e amor. O trabalho silencioso de ambos houvera recuperado muitas almas em desespero naquelas paragens. Agora, ali, novamente na casa que o acolhera por longo tempo, Henrique mais uma vez auxiliava com desvelo de pai seus queridos sobrinhos e seus filhos. Ainda sensibilizado com as palavras do cunhado, deixou que algumas lágrimas de saudade lhe rolassem pelo rosto. Depois, despedindo-se de Felipe disse:

— *Vai, meu filho! Tenho muito o que fazer por aqui ainda. Carmem ainda precisa de mim! Não posso decepcioná-la!*

Josefa avisou que o jantar estava posto e todos se dirigiram até a cozinha sem mais delongas.

Durante o jantar, decidiram procurar as outras cartas, na manhã seguinte, tão logo o dia nascesse.

— Nós também iremos – disse Lelinho olhando para os irmãos. – Não tenho mais medo desse Fantasma, desse Fantasma de Peso, como disse a vovó! Ele só precisa é ser menos barulhento e... atrapalhado, senão assusta, não é?

Todos riram gostosamente da colocação do menino. Realmente ele tinha razão. Tio Henrique assustava mesmo sem querer!

Após o jantar os jovens se reuniram perto da lareira e, esquecendo-se temporariamente do incidente, conversaram sobre coisas de jovens adolescentes despreocupados.

Dezinho e Eunice identificaram-se nas brincadeiras

e puseram-se a jogar trilha por horas.

Lívia, Vitória e Lelo falaram sobre as viagens que já haviam feito, dos diferentes lugares conhecidos e das enormes diferenças entre a vida no campo e a vida na cidade grande.

— Não sou contra o modo de vida na Capital – disse Vitória em dado momento – Só não estou mais acostumada a toda aquela agitação! – riu – Prefiro o sossego do campo embora, às vezes, sinta falta de algumas coisas, como uma boa peça de teatro, um bom filme, e até mesmo um delicioso sanduíche do McDonald's!

— Eu já prefiro o rodízio de sorvetes! – disse Lelinho. – Sou vidrado em sorvetes, ainda mais se posso colocar tudo o que quiser por cima até começar a cair pelos lados! – disse lambendo-se.

— Socorro! Acabamos de sair da mesa! – gritou Lívia – Me empanturrei de pudim! Não posso nem pensar mais em comida!

— Pois eu ainda comeria uma enorme taça de sorvetes! Será que Josefa sabe fazer sorvetes? – perguntou, já pensando em pedir a ela, para o dia seguinte.

— Fizemos uma festa do sorvete aqui no ano passado – disse Vitória – O povo devorou quilos e quilos de massa de chocolate, morango e nata! Estava uma verdadeira delícia!

— Festa do Sorvete! Por quê? – perguntou Lívia.

— Foi a Fraternidade quem promoveu esta festa. Precisávamos de dinheiro e a solução foi a festa! Os bingos geralmente são organizados pela igreja e a arrecadação vai para o Papa. Com o sorvete arrecadamos tudo o que precisávamos e ainda sobrou um pouco para este ano. Foi muito divertida! No final, ninguém mais agüentava, principalmente eu! – disse rindo muito.

— Caramba! Convide para a próxima! – disse Lelinho animado. – Quero ver quem consegue comer mais do que eu! Sou expert no assunto, não é sister?

— O bolso de papai que o diga! – concordou ela.

— Que tipo de festas vocês costumam fazer para arrecadar coisas na capital? – perguntou Vitória curiosa.

— Bem... na verdade não sabemos. – respondeu Lelo meio sem jeito.

— Não participamos de nenhum grupo – disse Lívia – mas... acho que quando voltarmos irei procurar alguma coisa desse tipo para conhecer melhor. – completou ela olhando para o irmão.

— Faz muito bem! – bateu palmas Vitória – Faz muito bem, mesmo! Você vai se sentir tão útil e realizada que não vai mais querer parar. Comigo foi assim também. Comecei meio a contra gosto e hoje não conseguiria mais dormir sossegada sabendo que tantos precisam de ajuda. É engraçado como a gente muda a maneira de pensar...

Repentinamente Lívia a interrompeu espantadíssima.

— Então, então quer dizer que você não nasceu assim, digo... não foi sempre tão certinha? – perguntou Lívia.

— Certinha, eu? Claro que não? E nem sou tão certinha assim como pensa! – disse rindo da amiga. – Já dei muito trabalho a meus pais! Eunice não! Essa já nasceu com a boa vontade em seu coração. Mas eu, acho que trazia antigas reminiscências em meu espírito não tão legais assim! Foram precisos vários puxões de orelha de meus pais e principalmente de seu tio Henrique, a quem eu muito ouvia, para que eu realmente visse que não estava só neste mundo e que ele não fora criado só para me satisfazer.

— Como assim? – perguntou Lelinho.

— Na verdade, quando era menor, bastava que os meus desejos fossem realizados e, é claro, imediatamente! Os conselhos de meus pais quanto à responsabilidade, ordem, cuidado com as amizades, a necessidade do estudo e essas coisas que todos os pais dizem, pareciam não fazer nenhum sentido para mim. Estava fechada para tudo o que vinha deles. Hoje compreendo a transição pela qual meu espírito passava, misturando o hoje e o ontem de minhas existências. Fiz papai e mamãe perderem preciosas noites de sono buscando solução para o meu caso. Por um lado, era boa filha, por outro, parecia confusa. Admitia, lá no fundo, que talvez pudessem ter razão, mas me desvencilhava de tudo e não aceitava conselhos. Hoje eu sei, mamãe nos colocou para ajudar na Fraternidade ao lado de muitas crianças e jovens que não se preocupavam somente com sua satisfação pessoal. Não era sempre, apenas uma vez por mês, foi o que bastou! Em poucos meses percebi a diferença. Jovens como eu, nem tinham o que comer diariamente.

— Tem muita gente assim aqui, é? – perguntou Lívia.

— Tem sim! Esta é uma região de lavradores, pessoas que vivem apenas da terra. E se ela não produzir o suficiente para o consumo, chegam a passar por sérias dificuldades financeiras. Claro, existem os grandes produtores mas, estes já é outro caso. Vivem da exploração da mão de obra barata, quase escrava mesmo!

Lívia e Lelo ouviam as explicações da amiga compenetrados. Ela falava de uma maneira clara e precisa sobre assuntos que eles jamais haviam sequer pensado existir e não tinha receio de expor claramente suas fraquezas. Vitória era uma menina realmente diferente de tudo o que eles jamais haviam visto ou conhecido.

— Por isso – disse ela – quando comecei a participar das entregas, das visitas domiciliares, passei a conhecer outro mundo, do qual eu não fazia parte diretamente mas, indiretamente também era responsável pela sua existência. Vi meninas da minha idade que desconheciam o simples uso de uma escova de dentes, acreditam? Para mim, aquilo era o cúmulo! Com jeitinho, sem nos fazermos de superiores e sem humilhá-los pelo desconhecimento dessa regra básica de higiene, fomos ensinando a necessidade da escovação, da limpeza bucal, da higiene diária do corpo. E, hoje são pessoas sadias da nossa comunidade e com muito menos dores de dentes! – riu. – Não fazemos nada de grandioso, espetacular, apenas, eu e mais alguns jovens levamos o que sabemos a quem quase nada tem. Isso faz com que a gente se sinta bem, fazendo parte de um todo. É simples, Lívia, muitas vezes só depende de um empurrãozinho para a gente começar a mostrar que tem algum valor e que não estamos aqui só de passeio, não é? Fico contente por você, do fundo do coração! Tente levar mais algumas amigas, formem um grupinho, quanto mais pessoas se preocuparem com os necessitados, melhor. Uma coisa eu digo: mudei muito desde que passei a conviver com uma realidade diferente da minha. Deixei de ser egoísta! O que me faltava até então era *vontade*!

— Basta ter vontade, não é mesmo? – falou Lelo concordando com Vitória.

Tio Henrique, ao lado dos jovens, deixava rolar lágrimas de alegria. Vitória havia conseguido despertar no coração de Lelo e Lívia a semente do amor ao próximo. Metade do caminho já havia sido percorrido. Uma nova Fraternidade estava por ser inaugurada naqueles corações.

Naquela noite, depois de se despedirem dos amigos, Carmem e Luiz ficaram ainda por muito tempo conversando na varanda.

— Senti uma emoção enorme ao ler a carta de Henrique – disse à esposa.

— Eu sei. Foi como desnudar a alma de meu irmão, não é? – disse ela.

— Essa carta não foi escrita para ser lida por nós... era uma espécie de desabafo. Uma coisa só dele, não acha? – perguntou ele.

— Concordo, Luiz. Aquele sótão tornou-se um refúgio, um lugar onde ele podia chorar a morte do filho sem ser notado por ninguém. Fico agora imaginando quantas vezes esteve lá, sozinho, isolado de todos. Pobre Henrique! E nós nem percebíamos nada! Como é difícil desvendar os segredos da alma alheia, não é?

— No entanto, ele nunca esteve só realmente, não como imaginava. Felipe estava lá com ele.

— Como você pode ter certeza disso, querido?

— Eu também tenho minhas visões de vez em quando – respondeu – Enquanto lia a carta que Henrique escreveu para o filho, descortinou-se uma espécie de quadro em minha mente e pude ver uma cena belíssima! Henrique sentado em uma cadeira, lápis e papel sobre uma pequena mesa e Felipe a seu lado, sorrindo docemente para o pai, à espera das notícias. Eles se comunicavam assim, Carmem, através das cartas! Não é magnífico? – completou ele entusiasmado com o fato.

— Sim, a comunicação entre os vivos e os desencarnados muitas vezes se faz de maneira interessante. Talvez Henrique nem percebesse a presença do filho ao seu lado, quando escrevia as cartas. –

completou ela. – Ele dizia não possuir mediunidade, lembra-se?

— É, mas pudemos ver agora que a possuía sem saber.

— Estou preocupada com as crianças – fez uma pausa – será que isso tudo não balançou demais a cabecinha delas?

— Não, não creio... e depois –, disse acalmando a esposa – já está mais do que em tempo de acordarem para a realidade.

— Espero que você tenha razão! Não gostaria de assustá-los, afastá-los ainda mais... você me entende?

— Maria Clara nos procurou exatamente para isso, querida! Nossos netos, apesar de crianças adoráveis, não se preocupavam em nada com as coisas do espírito, com o sofrimento alheio, para ser sincero, com nada que não lhes trouxesse algum bem imediato e palpável. Pois então, quem sabe agora surja o efeito que tanto desejamos. Não se preocupe, tudo dará certo, confie em mim! Temos ainda mais alguns dias aqui e... muita coisa pode ainda acontecer! Agora vamos nos deitar! Esta noite foi bastante agitada, preciso repousar a velha carcaça.

Lívia adormeceu logo após se deitar, o mesmo ocorrendo com seus irmãos. Estranhamente não ficaram amedrontados com o fantasma do tio.

Como haviam combinado, na manhã seguinte, logo após o café, os avós e os pais subiram até o sótão à procura do restante das cartas. As janelas foram abertas e deixaram finalmente o sol entrar resplandecente. Uma boa faxina foi feita, tirando a poeira dos anos e o último resquício de tristeza que ainda pudesse pairar por lá. Guardadas no envelhecido baú e colocadas cuidadosamente dentro de um envelope, estavam todas as cartas endereçadas a Felipe. Dona Carmem, após lê-las, resolveu queimá-las, num pequeno ritual de despedida ao sofrimento que o irmão havia passado. Nada diria à cunhada. Não havia mais nenhum motivo para trazer à tona o sofrimento de Henrique, durante vários anos.

SERÁ O CARQUEJA?

Os jovens pularam cedo da cama. Olarinho estava à espera deles na cozinha.

— Onde vamos hoje? – perguntou Lelo.

— Tarveis oceis queiram ver a plantação. Não fomo lá ainda – disse ele enrolando a aba do boné como quem não quer nada.

— É, pode ser. O que estão plantando? – perguntou o menino.

— Mio. Plantando mio. Tem cada colheitadera que só vendo! Uma beleza de vê! – respondeu.

— Então é para lá que vamos! Vocês vão também? – perguntou aos irmãos sonolentos.

— Fica longe ou perto? – disse Lívia – estou morrendo de sono ainda.

— Num é longe... a pé, uns 30 minutos por aí. – respondeu.

— Então me esperem! Vou colocar o tênis e já volto. – disse, olhando para os pés de Olarinho. – Você não tem tênis, menino? – perguntou percebendo que ele estava de chinelos de dedo com todo aquele frio.

— Tenho um sim! – respondeu ele orgulhoso.

— E por que não colocou o tênis se está frio?

— É só para saí. Se puser todo dia, estraga e aí já viu! – respondeu ele.

— Um só? Não acha que é pouco, não? – perguntou Dezinho. – Eu tenho cinco!

— Cinco? – espantou-se o menino rindo muito – Prá que cinco se ocê só tem só um par de pé?

— Eu tenho um de sobra – disse Lívia – Vou pegar para você. Não é certo andar por aí com o pé de fora nesse frio. Espere que eu já volto! – e foi saindo.

Apanhou sua sacola e despencou os tênis no chão do quarto. Tinha de todas as marcas, cores e modelos. Alguns usara uma única vez. Apanhou um cinza e apertou de encontro ao peito satisfeita.

— Vou dar este! É bem quentinho! – disse olhando para os demais espalhados pelo chão. Vou começar hoje a prestar mais atenção nos outros! É isso aí! – disse decidida.

Sorrindo, não sabia ao certo porque, sentiu uma felicidade invadir seu coração. Pareceu ficar mais leve repentinamente.

Chegando à cozinha estendeu o par de tênis em direção ao menino.

— Toma! Vai servir no seu pé, temos quase o mesmo tamanho. Calce, quero ver como fica! – disse satisfeita.

— Minha nossa! Mas é muito bonito! Num vai fazê farta, não? – perguntou ele desconfiado.

— Não, eu tenho outros e, como você disse, eu só tenho um par de pés – concluiu.

— Tá bom! Agradecido. – respondeu ele calçando o confortável tênis nos pés. Ficou que é uma luva! – dizia ele andando de lá para cá e esbanjando um sorriso de fazer inveja. – Nunca tive um desses! Deve ser dos caro, não é não?

— Não, até que não! – respondeu ela disfarçando a verdade.

— Então, pé na estrada! – disse Olarinho ao grupo.

De longe já se podia ouvir o barulho das colheitadeiras trabalhando firme na roça. Parecia o zumbido de um enxame de abelhas. Quando se aproximaram mais, Olarinho orientou-os a subir nas árvores para ver melhor.

— Daqui a gente vê tudo e não cansa as pernas. – disse ele.

— Subir eu subo mas, não sei se desço – disse Lívia tentando engalfinhar-se nos galhos mais grossos da árvore, enquanto puxava Dezinho pela mão.

— Prá baixo todo santo ajuda, sister! – respondeu Lelinho. – Se não ajudar, eu puxo! – gargalhou.

A paisagem era magnífica. O sol batendo no milho colhido fazia com que ele reluzisse ao ser jogado, limpo, para dentro dos caminhões.

Uma brisa mais quente agora, passava pelos rostos das crianças, aquecendo-as por entre os galhos da árvore em que estavam empoleiradas.

— Quem diria, eu aqui! – disse Lívia ao irmão – Se a Roberta e a Clarice me vissem... não sei o que diriam! Com certeza estão se refestelando na praia, torradas por inteiro.

— Eu não troco a praia por isto aqui, nunca mais! – disse o menino.

— Não troca mesmo? – perguntou ela, realmente interessada na resposta.

— Não! Nunca me diverti tanto em férias como estou me divertindo aqui.

— Pensando bem, até que não está sendo de todo mal – concluiu ela. – Até fantasmas a gente já viu, ou melhor ouviu, não é?

— De quar fantasma, oceis tão falando? – interveio Olarinho de olhos arregalados.

— Do meu tio. Do pesadão! – respondeu ele rindo. – Ele pregou a maior peça na Lívia e na menina que veio aqui ontem. Jogou uma porção de livros no chão e quase matou Lívia de susto. Precisava ver só a cara dela! Branca, tremendo feito vara verde!

— Queria ver se fosse você, moleque! E me parece que ele andou pregando peças em vocês dois também! – disse cutucando a barriga de Dezinho.

— Caramba! Será que ele faz isso de propósito, digo, quer assustar mesmo prá valer? – perguntou Dezinho desconfiado.

— Se é seu Henrique, não! Mas se for o Carqueja, aí a conversa já é outra, né? – falou Olarinho.

— Carqueja! Que Carqueja! – perguntou Lívia assustada. – Não vai me dizer que tem mais fantasmas por aqui!

— Tem um tal de Carqueja. Olarinho me contou sobre ele outro dia. Mas, parece que ele só aparece nas estradas da fazenda e dos arredores – falou Lelinho tentando acalmar a irmã. – Não precisa se assustar – disse mexendo com Olarinho – ele é velho amigo do nosso colega aqui!

— Meu não, cruz credo! – disse o menino se benzendo sem parar. Fique ocê coa amizade dele!

— Chega desse papo, turma! Falar no bicho, atrai. – resmungou Dezinho – Vovô disse!

— Se atrai ou não, não sei! Só sei que não é bom ficá bulindo com os morto, isso é verdade! – afirmou o menino.

Uma rajada mais forte de vento fez com que um frio

estranho penetrasse nas narinas dos jovens.

— Num falei! Tá aí a coisa feita! Esse vento num foi bão! Melhor a gente sumi daqui. – falou pulando da árvore. Vamo simbora pessoar, enquanto dá tempo! – falou de cara feia.

— Tá com medo Olarinho? Foi só o vento, nada mais! – disse Lelinho.

— Vento ou não, melhó não abusá! – respondeu. – Oceis não sabe com quem tão mexendo!

— Está bem, está bem! Vamos mudar de assunto e pronto! – disse Lívia. – Ainda tem muito para ver por aqui, nós mal chegamos...

— E já tô indo embora. Tiau – disse Olarinho, pondo-se a caminho de volta. – Se quiserem, fiquem! Eu tô indo! Cô essas coisa eu não bulo de perto não! Despois a gente se vê!

— E não é que ele foi mesmo? – falou Lelinho. – O moleque é de opinião.

— Deixe ele. Vamos ficar mais um pouco. – falou Dezinho – mas, chega de falar de fantasma, tá bom? Já chega o que tem lá em casa!

— Chega! – disseram os irmãos rindo do pequeno.

— Vejam! O que é aquilo ali? – disse Lívia apontando para um animalzinho que se movia na mata.

— Parece ser um coelho! – gritou Dezinho – É um coelho, sim! Vamos tentar pegá-lo, vamos, vamos! –pediu aos irmãos.

— Seu tonto! Se a gente chegar perto ele foge. Não é coelho domesticado. – riu Lívia.

— É arisco, não dá para pegar no colo feito um gato, seu burro! – disse Lelinho.

— Burro é você! Eu sou inteligente, seu anta! – gritou Dezinho raivoso.

— Chega! Vamos descer antes que a coisa fique preta – disse Lívia, escorregando por entre os galhos. – Qualquer empurrão aqui em cima é chão na certa!

De repente, um estalido mais forte e o galho se quebrou derrubando a menina de costas no chão.

Um estrondo seco e um único gemido foi ouvido então. Desacordada, a jovem permanecia imóvel ante o olhar estarrecido dos irmãos.

— Meu Deus! O que fazemos? Não podemos mexer nela! E se ela morreu? – choramingou Dezinho desesperado. – O que vamos fazer?

Aflitos, procuraram por alguém na redondeza, em vão. As máquinas estavam distantes demais para que pudessem pedir ajuda para a irmã.

— Vamos carregá-la. – disse Dezinho – Eu ajudo você!

— Não, não devemos mover Lívia do lugar. – gritou ele, antes que o irmão tocasse nela. – Vou tentar achar ajuda! Fique aqui com ela. Não saia daqui por nada! – gritou ele, enquanto corria em direção à fazenda do tio.

Assim que Lelo saiu, Dezinho pôs-se a chorar desesperadamente.

— Não morra Lívia, não morra! – dizia ele desesperado enquanto limpava a testa da irmã, esfolada na queda. – Abra o olho, abra o olho!

— Quem é que vai morrer aqui, menino? – perguntou uma voz forte e rouca que parecia vir das profundezas da terra.

Assustado o menino levantou os olhos e viu a figura de um homem de fisionomia bastante rude e fria, a olhar fixamente.

— Minha irmã – respondeu ele com receio do desconhecido – ela caiu da árvore e não está abrindo os olhos.

— Deixe que eu cuido dela, garoto! Sente ali e fique quieto! Deixe que eu cuido dela – repetiu o homem de mãos grossas e fortes.

Cuidadosamente o homem ergueu a cabeça de Lívia colocando-a sobre uns panos retirados de uma sacola que carregava nas costas. Apanhou um pequeno vidro contendo um líquido escuro e esfregou-o nas narinas da menina.

— Ela já vai ficar boa. – disse ele sem olhar para Dezinho. – Foi só um susto. Não quebrou nenhum osso. Esses arranhões vão desaparecer sem deixar marcas.

Segundos depois, a jovem começou a recobrar os sentidos. O homem levantou-se, afastando-se.

— O que aconteceu? – disse Lívia contorcendo-se de dor. – O que estou fazendo aqui no chão?

— Você caiu – disse Dezinho contente porque a irmã abrira os olhos. – Caiu da árvore!

— Quem é o senhor? – perguntou ela confusa.

— De que interessa saber meu nome, menina? Já fiz a minha parte. Só isso interessa agora. – disse o homem, enquanto guardava o vidro na sacola. – Agora já posso ir. Adeus!

— Obrigada, senhor! Obrigada por ter me ajudado! – falou a menina esticando a mão na direção dele sem nenhum sucesso.

— Obrigado mesmo! – disse Dezinho. – Se não fosse o senhor não sei o que faria até meu irmão voltar.

Lentamente a figura do estranho homem foi desaparecendo na mata e novamente aquele vento frio se fez sentir em seus corpos.

— Que estranho! – disse Dezinho à irmã. – Não sei de onde ele surgiu. Apareceu do nada, do meu lado. Muito estranho, muito estranho mesmo! – disse abanando a cabeça desconfiado. – Agora mesmo não tinha ninguém aqui e de repente ele aparece.

— Estranho ou não, foi bom! Como está doendo a minha poupança! – resmungou ela passando as mãos nas nádegas. – Acho que vou ficar com uma mancha roxa enorme aí. E... dos males, o menor! Cadê o Lelo? – perguntou, dando pela falta do irmão.

— Foi buscar ajuda na casa da fazenda. Pelo tempo, já deve estar voltando com o papai. – disse ele olhando para o relógio em seu pulso.

O som da caminhonete fez com que Dezinho se alegrasse.

— Não disse? Já estão chegando! Olhe lá, é o papai e a mamãe.

— O que houve com você, minha filha? Seu irmão quase nos matou de susto! – disse abraçando-a fortemente.

— Querida! Você está bem? Venha devagar, sente-se aqui. – disse a mãe com extrema preocupação. – Graças a Deus não foi nada grave! Que susto nos pregou, menina!

— Já tá tudo bem, papai! Eu desmaiei quando caí da árvore e esses panacas acharam que eu tinha morrido! – disse zombando dos irmãos. – Um senhor me ajudou.

— Um senhor? Quem era ele, querida, para onde foi? – perguntou o pai olhando ao redor para ver se avistava alguém.

— Não sei! Não quis dizer o nome. Não quis nem mesmo apertar minha mão quando fui agradecer. Foi por ali, entrou naquele mato e desapareceu.

— Tudo bem! Tudo bem! Vamos agora. O pior já passou. – disse entrando na caminhonete. – Depois a gente fica sabendo quem os ajudou e vamos agradecer pessoalmente a esse bondoso homem. Com certeza deve viver aqui na fazenda, talvez até trabalhe nas roças por aqui. Quem sabe, não é? – disse o pai agora mais calmo. – Vamos para casa cuidar desses machucados.

Por de trás das espessas árvores o homem observava com satisfação o movimento daquela família. Apanhou a foice reluzente do chão, colocou-a nos ombros e continuou sua infindável caminhada pelas estradas da fazenda.

Em casa, Maria Clara constatou que nada de mais grave realmente acontecera com Lívia, a não ser alguns arranhões e hematomas.

— Descanse, querida! É bom ficar um pouco em repouso para que a dor não aumente. – pediu ela, beijando a testa da filha. – Você poderia ter se machucado feio! Uma queda daquela altura poderia ter graves conseqüências... – completou, advertindo a filha para o perigo que correra.

— Agora eu sei! – disse ela passando as mãos pelos machucados. Você se assustou muito, mamãe?

— Claro! – respondeu a mãe ajeitando melhor o travesseiro para a filha. – Cabeça de mãe nunca imagina o melhor – disse rindo – sempre o pior! Já imaginei que tinha fraturado algum osso, quebrado a espinha, ficado paralítica, essas coisas loucas que passam pela cabeça.

— É bom saber disso! – disse com ar maroto. – Da próxima vez vou fazer um escândalo danado só para ser tratada assim...

— Como um bebezinho! – acrescentou manhosa.

— Não haverá a próxima vez, mocinha! Espero que tenha aprendido a lição! – falou a mãe, de dedo em riste. – Onde já se viu subirem todos num mesmo galho? Cada coisa que me aprontam, só vendo para crer! Agora fique aí quietinha até a hora do lanche. Procure dormir um pouco – aconselhou, saindo do quarto.

Assim que fechou a porta, Maria Clara, sorriu aliviada. *"É ainda uma criança! – pensou. Só tem tamanho, mesmo!"*

Lívia adormeceu em instantes. Os comprimidos para dor que Josefa providenciara fizeram efeito rapidamente sobre seu corpo doído.

Na sala, Dezinho insistia na estranheza daquele homem.

— Tô falando – dizia ele – Não tinha de onde ele aparecer, Lelinho. Que cara esquisito! Não tinha cor! Parecia mais um zumbi do que ser humano! Era igual aquele jogo que a gente tem, sabe qual? Andava duro e não piscava. Aí tem coisa!

— Que coisa, moleque! Zumbis não andam por aí, assim à luz do dia! – respondeu ele.

— Sabe aquele vento... pois é, quando ele foi embora, começou de novo, igualzinho ao anterior – comentou um tanto assustado com a possibilidade de ter presenciado uma aparição.

— Você não tá querendo dizer que era o... Carqueja, tá? – interrogou o irmão boquiaberto.

— Tô! Tô sim! – afirmou o menino. – Se não era ele era outro do mesmo tipo.

— Caramba! Precisamos perguntar ao Olarinho sobre isso! Vamos atrás daquele covarde agora mesmo! –disse puxando o irmão pela mão. – Ele vai ter que explicar isso tudo, ah vai!

Olarinho estava sentado na beira da porta de sua casa, debulhando um cesto de milho, quando os meninos chegaram.

— Pôxa! Deixou a gente lá sem mais nem menos, heim? – disse Lelinho zangado. – Sabia que a Lívia acabou caindo da árvore e se machucou prá valer?

— Não! Caiu da árvore? – perguntou ele com ar assustado. – Ela se machucou muito?

— Na verdade, não! – respondeu mais calmo. Teve uns arranhões feios mas... desmaiou e a gente pensou que ela tinha morrido.

— Nossa Senhora! E aí? O que oceis fizeram?

— Eu fiquei com ela e o Lelo foi buscar ajuda na casa. – respondeu Dezinho orgulhoso desse fato.

— O que a gente quer saber é o seguinte... – disse, narrando tudo o que havia acontecido lá na mata.

Depois de ouvir atentamente a descrição dos meninos e de se benzer pelo menos por umas dez vezes, Olarinho retrucou:

— Ah, se é assim como oceis tão dizendo... então era ele, pode acreditá – falou balançando a cabeça como quem dá o fato por consumado. – Era o danado do Carqueja. Aquele vento nunca engana. Agora oceis sabem por que eu vim imbora. Não sou troxa de ficá num lugá que tem assombração por perto! Eu não!

— Mas, se era ele, então por que ele não levou a Lívia embora? Por que ele ajudou em vez de me matar também? – perguntou Dezinho arrepiando-se com essa idéia.

— Isso num sei não! Vai vê ficô cum pena, sei lá! – disse pensativo. – Mas não é muito bão abusá. Já tiveram sorte uma vez.

— É, concordo com Olarinho. – disse o pequeno. – Eu é que sei como fiquei quando ele apareceu na minha frente do nada!

— Contaram prá mais arguém? – perguntou Olarinho.

— Ainda não! Lá em casa todo mundo está só preocupado com a Lívia... melhor deixar para depois. De noite a gente conta! – disse resoluto.

O resto da tarde os três passaram andando a cavalo nos arredores da casa. Nenhum deles ousou se afastar muito dali. Acharam que seria melhor assim.

Dito e feito. Após o jantar quando os mais velhos se retiraram para a varanda, como de costume, Lelo retornou ao assunto. O grupo ouviu, atento, o minucioso relato de Dezinho, acrescido de alguns adendos de Lelo.

— É como Olarinho diz – concluiu Lelinho – não tem como não ser o tal Carqueja! – disse batendo com as mãos no joelho.

— O que vocês acham? – indagou Dezinho ansioso pela resposta.

— Vocês estão querendo que eu acredite que quem me ajudou foi uma assombração? – gritou Lívia. – Um zumbi ou sei lá o quê? Assim já é demais! –desabafou. Eu quero voltar para casa agora mesmo! Chega de fantasmas rondando por tudo aqui!

— Calma, calma mocinha! – disse Paulo interrompendo o acesso de ira da filha. – Ninguém aqui afirmou que isso tenha realmente acontecido! Pelo que sabemos, tudo pode ser apenas suposição dos meninos! E depois, minha filha, não é fugindo da verdade que se consegue alguma coisa na vida! Vamos com calma! É preciso analisar bem os fatos antes de se julgar uma situação.

Josefa que ouvira parte da narrativa dos meninos, interveio na conversa dos patrões.

— Desculpe a intromissão, dona Carmem, mas acho que os meninos estão certos! – disse limpando as mãos no avental.

— Certos, Josefa? Certos de quê? Não temos provas – disse Maria Clara tentando amenizar aquela situação.

— Nós, aqui da fazenda e também o povo de mais longe, já ouvimos muitas histórias desse tipo. Dizem que a tal assombração já parou para ajudar muita gente necessitada de alguma coisa. Parece que ele fareja o perigo e quando ele acontece... – ele aparece do nada, nadinha mesmo! – disse ela benzendo-se. – Eu nunca vi, graças a Deus mas, tem gente que jura de pé junto que já. Dizem até que ele não fala muito e que só toca na pessoa se for preciso.

— Ai, meu Deus! – disse Lívia. – Ele pegou em mim com aquela mão gelada!

— Sossegue, querida! – falou a avó – Se isso for verdade, ele só fez o bem para você, não é mesmo?

— Isso é, mas... não pode ser, não é vovó? –perguntou amedrontada.

— Pode ter certeza que sim! – disse Lelinho. – Josefa não ia inventar uma mentira dessas, ia?

— Não! É claro que não! – respondeu ela. – Só contei para vocês o que todo mundo por aqui já sabe. Quando vim morar aqui com dona Judite ele era vivo ainda, que Deus o tenha e o leve de vez! – disse ela antes de continuar – Vivia sozinho, não tinha família nenhuma. Andava por aí caçando trabalhando aqui e ali. Carregava uma foice sempre bem afiada nas costas. Roçava para quem pagava, depois sumia por uns tempos até aparecer de novo. Andou até roçando um campo para o tio de vocês. Um dia apareceu morto. Alguns dizem que se matou, mas não se sabe ao certo e ficou o dito pelo não dito a esse respeito.

— Que coisa triste, Josefa, o pobre homem morrer assim! – lamentou doutor Luiz meneando a cabeça.

— É, doutor Luiz... – concordou ela – Depois disso começaram a falar. Ninguém sabia nada a respeito dele, só que tinha vindo de longe. Uns tinham medo dele. Sempre muito calado, cara amarrada, parecia sempre de mal com a vida. Puseram o apelido de "Carqueja" nele e assim ficou conhecido por aqui até morrer. Seu tio, vez em quando contratava o serviço dele, mas era só. Dizia que o tal Carqueja não fazia mal a ninguém mas, eu tenho lá minhas dúvidas! Uma pessoa assim, amarrada, que não fala com ninguém, a gente acaba desconfiando, não é?

— Bem – disse Paulo – mas nós não sabemos se foi ele quem socorreu Lívia ou não! O fato é que você está aqui bem, graças a ajuda de alguém, isso é o que importa! – concluiu o pai olhando para a filha. – Seja lá quem for, merece nossa gratidão!

O TIO-FANTASMA
ESCLARECE

Preocupada com o rumo que a conversa ia tomando, dona Carmem, percebendo a presença do irmão, arriscou perguntar:

— Percebo a presença de meu irmão aqui conosco desde que começamos o assunto. Sinto que ele deseja nos dizer alguma coisa, principalmente às crianças, – fez uma pausa. – O que vocês achariam se ele viesse conversar com vocês? – perguntou olhando ternamente para os netos e a filha.

— Conversar com a gente? Falar como você está falando, vovó? – perguntou Lelinho de olhos arregalados.

— Sim, meu querido! Henrique pode falar através de mim, de meu corpo – disse ela rindo. – Nada há de mais natural nisso! Lembre-se de nossa conversa dias atrás? Os espíritos familiares podem se comunicar conosco da mesma forma como podemos dar um telefonema ou passar um e-mail para um amigo! É simples e muito mais corriqueiro do que imaginam.

— Não me oponho, mamãe, se vocês acham que podemos conversar com meu tio, tudo bem! – disse virando-se para os filhos. Será uma boa oportunidade para conhecerem a pessoa maravilhosa que foi o tio de vocês. Pena que não tenham tido oportunidade de conhecê-lo em vida! Iriam adorá-lo, assim como eu. O que acham, então?

Um aterrador silêncio se fez entre eles. A curiosidade e o medo se confrontavam dentro de seus cérebros. *Conversar com o fantasma que perambulava pelo sótão, era demais!* – pensava Lelinho contorcendo-se na cadeira.

— Vamos! Estou esperando a resposta – disse a avó – Se demorarem, Henrique vai embora – falou brincando para tornar a decisão menos dramática.

— Tá bom! – respondeu Lelinho. – Tudo bem para vocês? – disse olhando para os irmãos.

— Hum, hum! – responderam meio indecisos ainda.

A avó puxou sua cadeira para mais perto dos netos e disse:

— Vou me concentrar, fechar os olhos e deixar que Henrique sinta-se à vontade para falar, está bem? Não é preciso ter receio algum. Apenas ouçam o que ele tem para dizer e, se quiserem perguntar alguma coisa, podem perguntar, está bem? Será uma conversa como outra qualquer, nada mais que isso – concluiu ela, antes de fechar os olhos calmamente.

Alguns segundos depois, sua fisionomia pareceu transformar-se um pouco. Parecia maior, mais rechonchuda e masculina. Seus olhos permaneciam fechados, mas a impressão dos jovens foi que dois olhos amendoados e muito claros os observavam com carinho.

Percebendo a completa incorporação, doutor Luiz disse:

— Como vai, meu amigo? Há quanto tempo não nos falamos assim?

Um silêncio, que pareceu ao pequeno grupo durar uma eternidade, se fez por instantes, para logo ser quebrado por uma voz bastante diferente da de dona Carmem.

— *Vou muito bem, Luiz, muito bem! Sinto-me por demais honrado com a presença de vocês aqui na fazenda, de todos vocês!* – disse sorrindo para todos. – *Há muito tempo não sentia tanta alegria enchendo esta casa de luz e vida novamente!*

— Estar aqui, meu cunhado, – disse doutor Luiz – é como reviver o passado. Sentimos a sua falta, amigo!

— *Sentem a minha falta material, Luiz, porque em espírito, sempre estou ao lado de vocês, sabe disso! Eu não consigo passar despercebido, já notaram?*

Os jovens deram risinhos baixos, tampando a boca com as mãos.

— *Desde que desencarnei, tenho continuado o trabalho que eu e Judite iniciamos logo após a desencarnação de Felipe. Às vezes me empolgo tanto, que acabo por reunir energias do ambiente material e... pronto! Fenômenos físicos começam a acontecer, sem que eu tenha planejado, entenderam crianças?*

Receosos ainda, apenas concordaram com as cabeças.

— *Assim que vocês chegaram aqui, descuidei-me tentando perceber mais claramente os pensamentos de Carmem e foi aquele desastre com o vaso de samambaia...*

Todos riram descontraidamente. Aos poucos, o ambiente sisudo e cerimonial foi se tornando agradável e a vibração benéfica do tio, proporcionou paz e tranqüilidade. Até mesmo Josefa, que ficara quase escondida num canto da sala, foi se aproximando cada vez mais para perto do grupo.

— *Não tenham medo dos espíritos, meus sobrinhos!* – disse gesticulando. – *Somos o mesmo que fomos quando encarnados. Se fomos pessoas de bem, continuaremos a ser. Única coisa é que... desencarnamos! No mais, tudo continua na mesma. Essa história de que mudamos depois da morte é só conversa* – disse virando-se para os jovens – *tudo continua como sempre foi. Continuamos vivos, rindo, chorando, trabalhando, vivendo intensamente. Mistérios... esses não existem! A vida espiritual é uma continuidade daqui ou...vice-e-versa.*

E observando a antiga empregada, que se achegava mais, disse:

— *Venha mais para perto, Josefa, chegue aqui também! Você não imagina como tenho sentido falta de sua comida por aqui!*

Josefa, encabulada, abanou a cabeça.

— *Tenho pregado algumas peças nessa pobre mulher!* – ɾ ɪsse lamentando. – *Não é de propósito, Josefa, só não consigo controlar! Me perdoe!*

Josefa, esquecendo-se por segundos que falava com um espírito e, esquecendo também seus receios, respondeu animadamente:

— Não se preocupe, seu Henrique! Eu já me acostumei com suas traquinagens pela casa! Dona Judite é que não vai gostar nenhum pouco quando souber o quanto o senhor já deu de prejuízo! – respondeu com naturalidade.

Maria Clara e Paulo entreolharam-se espantados com a atitude natural de Josefa, ao conversar com o antigo patrão.

— *Não se preocupe* – disse ele rindo muito. – *Ela tem sentido o mesmo problema lá na cidade* – concluiu ele.

Arriscando uma pergunta, Lelinho, gaguejando, disse:

— O senhor só fica aqui? Digo... não vai lá para cima... ou... para baixo? – arriscou indeciso.

— *Não!* – respondeu o tio de pronto rindo da pergunta do sobrinho. – *Nem poderia! Não faço mais parte deste mundo e é necessário trabalhar pela nossa evolução, também lá, na Espiritualidade. Ocorre que, quando me é permitido, vamos dizer assim...*— disse ele depois de uma pausa – *quando não tenho nada urgente para fazer lá, dou um pulinho aqui, entendeu?*

— Ah! entendi. – disse o moleque arriscando uma nova pergunta. – E os outros... digo... qualquer um pode ir e vir sempre que quiser?

— *Não! Existem certas normas, certas regras.* – E, pensando um pouco disse: – *Sabe, meu sobrinho, você é um menino bastante esperto, diria até, muito inteligente para sua idade. Aconselharia, se me permite dizer, que procurasse distribuir melhor suas horas de folga e começasse a se interessar por boa leitura, uma leitura que venha a esclarecer essas dúvidas que estão começando a povoar sua mente agora. Sua avó possui uma biblioteca invejável nesse sentido. Seria interessante que conversasse com ela a respeito. Tenho certeza de que ela lhe indicará uma leitura adequada para sua idade, o que acha disso?*

O menino concordou com o tio, mexendo a cabeça afirmativamente.

— *Nosso tempo de conversa agora não deverá se estender muito. Sua avó despenderia muita energia. Portanto, peça esclarecimento de suas dúvidas a seus avós e a seus pais. Seria muito bom se você e seus irmãos procurassem fazer parte do culto no lar em sua casa ou quem sabe, na casa deles, nem que fosse uma única vez no mês. É de suma importância para o espírito, o esclarecimento, o entendimento da vida após a morte. Caso contrário, quando vocês desencanarem, e isso vai acontecer mais cedo ou mais tarde, ficarão perdidos qual um marinheiro sem bússola em alto mar! Existem espíritos tão despreparados para a morte que sequer percebem que morreram, acreditem. Continuam por aí, desgarrados dos vivos e apartados dos mortos, perambulando e sofrendo sem conseguir achar o caminho que os conduza aos postos de socorro ou às cidades espirituais.*

Lívia sentiu um frio percorrer seu corpo e Dezinho

se remexia na cadeira.

— *Já sei o que desejam,* – disse o tio – *querem saber a respeito do Carqueja, não é? Pois bem, é um desses casos. Não é um homem mau como apregoam por aí! Viveu solitário em sua curta vida material, sofrendo muito a perda de sua família drasticamente, em outro estado, vim a saber aqui. Optou pelo silêncio, guardando suas dores a sete chaves no coração. Desconhecia a vida espiritual e, envolto na revolta pela perda dos seus, espanta de perto dele qualquer tipo de ajuda espiritual, pois julga-se ainda vivo, isto é encarnado. Desconhece a sua desencarnação até hoje, tornando o nosso trabalho bastante difícil. Percorrerá ainda as estradas da fazenda por algum tempo e depois... depois será conduzido ao socorro merecido. Tudo a seu tempo!* – disse ele. – *Deus sabe o que faz e porque faz! Concordam?*

— Então era ele lá na campina? – perguntou Lívia espantada.

— *Sim, era ele.* – disse o tio. – *Ajudou você Lívia, como tem ajudado muitas outras pessoas. Carqueja, ou Bonifácio, como é seu verdadeiro nome, não se conforma com a perda da família quando o auxílio urgente não chegou em tempo. Então, sempre que alguém está em perigo e, sem socorro imediato, ele pressente e vai ao encontro, como se estivesse salvando os seus. É triste a situação de Bonifácio, mas sem saber, está angariando mérito para o seu espírito. Logo será recolhido e encaminhado a um bom destino* – disse com voz pausada. – *Como vêm, nem tudo que parece ruim realmente o é...*

— Acho que isso quer dizer que não devemos julgar pelo que aparentam ser, precisamos conhecer realmente as pessoas para julgar depois, não é, tio? – disse Dezinho que não perdia uma só palavra do que o tio falava.

— *Exatamente, meu sobrinho. Você é um garoto esperto!* – respondeu ele, satisfeito com a compreensão do sobrinho. – *Nem todo fantasma que faz barulhos é mau, concordam? – disse gargalhando.*

— É, é verdade. Agora a gente sabe disso. – disse Lelo meio sem jeito.

— *Vocês precisam conhecer melhor as verdades do espírito, meus sobrinhos! Precisam se fortalecer na fé e na caridade com os semelhantes para que, ao lado de vocês, estejam sempre os bons espíritos. Não é bom viver apenas uma vidinha medíocre, sem objetivos, sem diretrizes corretas. É preciso que saibam, todos vocês,* – disse olhando atentamente para os jovens – *ouvir com atenção e carinho os conselhos dos mais velhos e principalmente dos pais. É preciso ter olhos para ver e ouvidos para ouvir, crianças! Os pais já viveram inúmeras experiências, portanto são bastante qualificados para dar conselhos. Ouçam seus pais, meus sobrinhos, ouçam com disposição para entender o que eles desejam lhes passar, caso contrário será pura perda de tempo de ambas as partes! Vocês,* – disse olhando para os jovens – *são privilegiados com os pais que Deus lhes deu! São pessoas equilibradas e sensíveis.* – Fez uma longa pausa e depois, com a voz embargada pela emoção continuou: *– Fico penalizado quando observo famílias, cujos pais, pouco se preocupam com a educação de seus filhos... É lamentável que isso aconteça. Mas, há também, famílias que se destróem pela violência doméstica velada, sutil, quase imperceptível, mas promovendo maus tratos psicológicos e físicos. São os pseudo pais que, no afã de acreditarem estar educando os filhos para a vida, acabam por magoá-los profundamente com sua agressividade e descontrole. O excesso, em tudo, é prejudicial! O excesso de controle, o excesso de liberdade, o excesso de bens materiais, o excesso de complacência, o excesso de cuidados, o excesso de divertimento, o excesso de trabalho, o excesso de sexo, o excesso de bebida, o excesso de comida, o excesso no falar, de tudo, enfim! É imperativo que haja dosagem em tudo* *o que fazemos, em tudo o que dizemos, para que realmente sejamos ouvidos e entendidos. Nossos atos, as palavras que proferimos, os exemplos bons ou maus que deixamos não se perdem no ar, desaparecendo por encanto... Penetram fundo na alma dos que conosco convivem criando um universo de vida ou de morte!*

— Meu tio, – disse Maria Clara – como gostaria de ter podido conviver mais de perto com o senhor, o senhor tem a palavra certa para tudo, é incrível!

— *Nada tenho de excepcional, minha querida sobrinha. Tenho sim, os pés calejados de andar por caminhos, muitas vezes errados, à procura de uma felicidade que estava ali, bem na minha frente e eu não conseguia enxergar. Mas aprendi, minha filha, a buscar em mim as respostas de que precisava. Somente quando consegui enxergar a dor alheia é que percebi a minha felicidade. Aquelas cartas....* – disse ele pausadamente *– aquelas cartas que hoje vocês encontraram, não foram escritas num ato de revolta, não! Foram a maneira que encontrei para aliviar meu coração de pai. Através delas pude estar mais perto de meu filho, sem lamentações, sem cobranças indevidas, sem me tornar amargo e improdutivo na vida. Nelas eu relatava fatos ocorridos durante a semana, coisas da Fraternidade, assim como numa conversa franca com meu querido Felipe. Carmem fez bem em queimá-las. Elas fazem parte de um passado que não deve ser mais volvido. Não trariam nenhum benefício a Judite e, talvez pudessem, sim, trazer de volta apenas a dor da saudade. E isso nós não queremos, não é mesmo?*

— *Bem, já é chegada a hora de partir. Pobre Carmem! Despendeu bastante energia comigo. Deixo a ela meu amor! Que Deus ilumine a todos, sempre!* – e fazendo uma pausa — *Crianças! Se ouvirem algum barulho, não se assustem! É o tio "pesadão" chegando... para ser sincero* – disse ele – *um fantasma de peso, heim crianças!*

Disse ainda:

— *Se algum dia precisarem de ajuda espiritual, de um conselho ou coisa parecida, não se esqueçam deste velho tio aqui! Estarei sempre à disposição de todos. Sabem como é, quanto mais exercitar meu espírito em favor dos semelhantes, mais créditos terei junto ao plano maior.*

O avô, Doutor Luiz, fez uma pequena prece agradecendo a visita do cunhado, desejando que Deus estivesse sempre conduzindo seus caminhos na espiritualidade. Dona Carmem, aos poucos, voltou do transe em que estivera e sorridente perguntou sobre o que o irmão havia conversado com eles. Enquanto isso Dezinho colocava para fora a sua alegria.

— Meu Deus! – disse Josefa. – Nunca pensei que fosse possível falar assim com os mortos! Parecia que ele estava aqui, como antigamente. Dona Judite sempre disse que isso acontecia, mas eu nunca tinha visto...

— É, Josefa! Foi a coisa mais legal que eu já vi! – disse Dezinho saracoteando ao redor dela. – Quando eu contar lá na escola ninguém vai acreditar. Um tio Fantasma! Que legal! E de Peso, o que é mais divertido!

Satisfeitos e muito mais esclarecidos, os jovens se recolheram, a noite já ia bastante alta. Em suas camas, as palavras do tio ainda se faziam presentes.

No outro dia:

— Ei! – disse Lelinho – Vem cá Olarinho! Tenho uma coisa para contar!

— O que foi? Pro que ocê tá tão agitado, assim?

— Ontem eu falei com o fantasma de meu tio, acredita? – disse ele ao menino.

— O que ocê tá falando? – perguntou o menino, dando um pulo para trás.

— É verdade! Falou pela boca de minha avó e nós

conversamos como se ele estivesse vivo!

— Ah! Ocê vai ter que me contá isso direitinho, Lelo – intimou o menino. – Vamo sentá ali e... me conta logo!

Lelinho, da melhor forma possível, explicou o que ocorrera e, tudo sem escapar nenhum detalhe, foi narrado ao amigo.

— Minha Virge Maria! Ele falou isso do Carqueja, é? – disse Olarinho espantadíssimo com a narrativa de Lelinho.

— Falou sim! Disse para a gente não ter medo dele, pode acreditar! Eu até fiquei com dó do coitado, também, não é para menos não é? Perder a família toda é de deixar qualquer um meio pancada para o resto da vida e... depois dela também, não acha?

— Acho, sim! – concordou Olarinho. – Quer dizê então que oceis falaram com ele? Eu queria tá lá tamem! Pôxa! perdi essa!

— Quem sabe outra hora...

— É, quem sabe. – resignou-se Olarinho.

— Bem, amanhã vamos voltar para a capital... queria me despedir hoje... – disse com emoção na voz – a gente vai sair bem cedo e talvez não dê tempo da gente se ver. – falou desviando os olhos do amigo. – Foi muito bom conhecer você e tudo aqui.

— É uma pena, mesmo! Oceis são legar, pode acreditá! – disse o menino já sentindo o coração apertar pela partida dos amigos. – A gente até se divertiu muito por aí, não foi?

— Vou pedir para meu pai vir de vez em quando para cá. Não prometo quando, mas a gente volta.

— Mas oceis só vão amanhã, então vamo aproveitá o dia de hoje, tá bão?

— Vou chamar meus irmãos. O que você acha de ir nadar no lago? – perguntou Lelinho.

— Tá meio frio mas... se quiserem a gente vai. – respondeu ele animando-se. – Dá pra cair na água de camiseta. Peça pra mãe fazê uma garrafa de chocolate que a gente leva pra esquentar depois, tá bão?

— Ótima idéia! Vou pedir para ela fazer uns sanduíches também! – disse Lelinho correndo em direção da casa. – Me espere aí!

Pouco tempo depois o grupo chegava ao lago munido de sacolas recheadas de guloseimas e de duas enormes garrafas de chocolate quente.

Lá se foram eles para dentro do lago cristalino. Uma enorme algazarra se fez ouvir pelos arredores. Gritos de frio e pulos acrobáticos espantavam os pássaros das árvores. Durante boa parte daquela tarde maravilhosa passaram mergulhando e saltando dentro do lago, que já não parecia mais estar tão frio.

— Eh, vida boa! – disse Dezinho em dado momento. – Banho gelado e comida quentinha! Quem é que precisa mais do que isso? – gritava feliz remexendo nas sacolas da Josefa.

— Eu! Eu preciso de um condicionador de cabelos! Não consigo desembaraçar essa maçaroca que virou meu cabelo. – disse Lívia, tentando desmanchar os nós que a água provocara.

— Você está parecendo uma vassoura, sister! Queria só ver a sua cara se suas amigas "patricinhas" vissem você agora! Há,há,há,há,há! Ela não tá com cara de vassoura? – perguntou aos meninos.

— Vassoura é sua...

— Calma, sister, ela é sua mãe também! Não se esqueça! – interrompeu correndo para longe da irmã.

— Deixe prá lá, Lívia! Depois você dá um jeito ou... corta se não der! – disse Dezinho tentando acalmar a irmã.

— Cortar! Você está louco? Nem por todo ouro do mundo eu faço isso! Meus cabelos são minha vida, fique sabendo!

— Ela é a sansão do século XX, sabiam? – retrucou Lelinho. – Só que se cortar os cabelos fica mais... burra!

— Chega! Isso sempre acaba em confusão! – falou Dezinho. – Vamos encher a boca de comida, que é melhor!

— Concordo, com ocê! Passa o sanduíche prá cá. – disse Olarinho rindo muito dos amigos.

Aquecidos pelo sol os amigos passaram grande parte da tarde conversando debaixo de uma enorme amoreira e aproveitando seus últimos momentos de férias na fazenda de tio Henrique.

— Querem saber? – disse Lívia em dado momento – Eu até vou sentir saudades daqui! – Falou olhando demoradamente para os extensos campos à sua frente.

— Eu já estou sentindo – disse Dezinho – já estou sentindo! Vocês perceberam que fizemos coisas que nunca tínhamos feito antes?

— O quê, por exemplo? – perguntou Olarinho.

— Ora, sair por aí sem rumo... sem medo de ser assaltado, sem precisar ficar olhando para o relógio, essas coisas, sei lá! Me senti livre, entenderam?

— Tem razão, pequerrucho! – disse Lívia apertando as bochechas do irmão, fazendo com que elas ficassem vermelhas. – Nesse ponto você esta coberto de razão! Também me senti totalmente livre aqui! Não senti falta nem do celular! Quer mais que isso? – disse dando de ombros.

— Vocês já perceberam que não vimos nem mesmo um filme sequer na televisão nesses 25 dias? – espantou-se Lelinho.

— Caramba! Eu nem percebi! Tem televisão aqui? –

perguntou ele curioso.

— Tem sim, lá na sala, perto daquela estante grande. Descobri a semana passada. Estava coberta com uma toalha... acho que isso foi arte da vovó, podem crer! – disse pensativa.

– Acho que ela não queria que a gente soubesse disso.

— A vovó tem cada uma! – comentou Lelinho.

– Eu poderia ter instalado meu video game!

— Pensando bem, ela fez a coisa certa para nós. – disse a menina – Vocês dois iam ficar pregados no jogo o dia todo, sem falar das noites! – E virando-se para Olarinho disse: – Ninguém percebe quando eles estão em casa. Ficam trancados na sala o dia inteiro jogando, até fazer calo nos dedos! Depois, ainda são capazes de adquirir aquela doença, a tal de "LER", já ouviu falar? – perguntou ao menino.

— Não! Credo que coisa! Que doença é essa? – perguntou espantado.

— É uma coisa que dá em gente que fica horas a fio fazendo o mesmo movimento com as mãos, os dedos etc. – disse ela. – É o tal do esforço repetitivo. Sem falar, é claro, que deixa o cérebro bitolado, alienado do resto do mundo.

— E não cansa, não? – perguntou o menino para Lelo e Dezinho. – Oceis num toma sol, não? Se eu ficá trancado assim, acho que acabo morrendo! Vai vê que é por isso que oceis cansava tanto quando chegaram, lembram?

Lelinho lembrou-se do primeiro passeio que fizera com Olarinho. Quase ficara de língua de fora.

— É mesmo! Agora eu não canso mais! Posso caminhar bastante – disse Dezinho espantando-se com a descoberta.

— Claro! Mais do que nóis tem andado por aí, impossiver! – disse o menino. – Eu se fosse oceis num ficava mais tanto tempo assim parado, sem fazê nada! Pode deixá inté doente como falou a irmã doceis! Oia, quem avisa amigo é!

Os três riram da preocupação do amigo. No fundo eles sentiam que ele estava certo. Aquelas férias haviam mudado radicalmente seus hábitos. Estavam mais dispostos, corados e, o mais incrível, unidos e felizes com isso. Haviam aprendido a compartilhar sentimentos, a partilhar suas verdades e seus medos. O tempo fora suficiente para longos papos durante os passeios pela fazenda e para a descoberta de qualidades jamais percebidas antes, uns nos outros. Lívia havia amadurecido mais, estava mais dócil com os irmãos e passara a perceber a mãe não só como mãe, mas também como mulher, como filha, como alguém que não foi criada apenas para repreender os filhos o tempo todo. Como alguém de carne e osso, com direito a acertar e errar como ela.

CONVITE AO TRABALHO VOLUNTÁRIO

Maria Clara e dona Carmem estavam arrumando as malas para a partida na manhã seguinte e conversavam animadamente no quarto.

— Seu pai quer ainda visitar um amigo antes de partirmos – disse ela à filha. – Vou deixar este agasalho fora da maleta caso faça frio à noite.

— Quem é o amigo, mamãe? – perguntou ela fechando o zíper de mais uma mala.

— É um dentista também aposentado que veio morar por aqui com a esposa e um neto. Se quiserem podem ir conosco também – disse intuída por Henrique que, desde cedo, insistia para que ela convidasse a filha e os netos para essa derradeira visita. – É um casal adorável. O neto se formou veterinário há dois anos e veio para cá com os avós, para trabalhar.

— Vou ver se as crianças querem ir, por mim, iremos. – disse ela olhando para o amontoado de malas no chão. – Não usamos nem a metade disso tudo! – falou desolada. – Da próxima vez que viermos vou trazer só uma maleta para cada um! Já disse para o Paulo que no ano que vem voltaremos para cá, se Deus quiser! Esse descanso fez um bem enorme a nós e às crianças! Percebeu que não houve brigas nem caras feias por aqui, mamãe? Isso foi um milagre!

Dona Carmem sorriu com a colocação da filha. Então era verdade, eles haviam gostado das férias! Isso era o que importava realmente.

Maria Clara, sentou-se na cama e ficou observando a mãe terminar suas arrumações. Aquela mulher, agora uma anciã de aspecto frágil, olhos meigos e gestos delicados, possuía uma enorme força em seu coração. Não conseguia se lembrar de uma única vez em que sua mãe houvesse desistido de alcançar um objetivo traçado em sua vida.

Não existia, no vocabulário daquela senhora, a palavra derrota, desistência, fraqueza de espírito. Estava e estivera, durante toda a sua vida, atenta a tudo ao seu redor. Cuidara dos mínimos detalhes da educação dos filhos, desmanchara-se em cuidados com o esposo e dedicara-se com afinco aos "afazeres além do lar", como ela mesma definira suas tardes no grupo de senhoras do Centro Espírita, do qual sempre fizera parte.

— Você é uma vencedora, mamãe! – disse ela deixando escapar seus pensamentos.

— O quê, minha querida? – perguntou a mãe sem entender o que a filha falava.

— Você é uma vencedora, eu disse! – reforçou ela. – Nunca te vi desistir de nada. Às vezes, quando tinha meus dezesseis anos, mais ou menos, eu ficava exausta só de vê-la correr, sempre fazendo alguma coisa por mim, pelo Maurício, pelo papai, pelos outros e muito pouco por você mesma! Até hoje, você é assim. Onde busca tanta energia, tanta disposição? – perguntou a filha. – Eu, que sou bem mais jovem, não consigo dar conta de tudo, me perco, não acho tempo para nada!

— Quanto mais coisas nós temos para fazer, mais tempo achamos para tudo, este é o segredo, querida! Quando temos poucas tarefas para cumprir, vamos deixando para depois e acabamos por não fazer absolutamente nada! Fica sempre para amanhã, entendeu? O segredo é ocupar o tempo e a vida!

— É, acho que está certa. Tenho muito tempo ocioso e, quando planejo fazer algo, acabo me perdendo, me enrolando mesmo! Preciso me ocupar mais, distribuir melhor meu tempo vago – disse ela, pensando em pedir à mãe para ajudar na Fraternidade.

Pressentindo o pedido da filha a senhora se adiantou:

— Que tal me ajudar às terças-feiras na Fraternidade? Há muito trabalho por lá! Precisamos de "sangue novo!" Aquilo lá está parecendo mais um museu!

Maria Clara riu. A mãe tinha razão! As companheiras de trabalho da Casa Espírita, de há muito tinham passado dos cinqüenta!

— É sempre boa a companhia de gente jovem, cheia de vida e... principalmente de idéias revolucionárias! As pessoas mais jovens sempre têm muito que aprender com os mais velhos isso é certo, mas muito ensinam também!

— Eu ia justamente pedir isso! – respondeu Maria Clara. – Quem sabe Lívia também não queira ir conosco? Seria muito bom, tanto para mim quanto para ela, não acha?

— Então estamos combinadas, mas não vou aceitar um "hoje não vou poder" está bem? Assumir compromissos desse tipo é uma grande responsabilidade! Tenho certeza de que não vai se arrepender, querida. Isso fará com que você e Lívia se aproximem ainda mais, terão assuntos em comum para conversar. E depois... estamos mesmo precisando de gente com bastante energia para ajudar! Sejam bem-vindas! – disse ela. – Pronto acabei! – falou colocando a frasqueira em cima da cama. Vamos ver o que aqueles dois estão aprontando! – disse referindo-se ao genro e ao esposo.

— Obrigada, mamãe! Pelo que fez por mim e pelas crianças – disse beijando a testa da mãe. – Foram os melhores dias de minha vida. Acho que seu objetivo foi mais do que alcançado. Não só as crianças tiveram tempo para rever o modo como estávamos vivendo, cada um fechado em seu mundinho, como eu e Paulo tivemos tempo para repensar nossa vida. Aqui, longe de tudo, da agitação das férias anteriores, pudemos nos olhar verdadeiramente, olhos nos olhos, além de conhecer um pouco mais o tio Henrique. – disse emocionada, lembrando das palavras sábias do tio. – Foi muito bom, muito bom mesmo!

— Fico feliz por vocês! – comentou a mãe retribuindo o beijo. – Às vezes é preciso puxar o freio de mão com força para que o carro não caia no abismo. Agora, quando voltarmos – pediu a mãe com carinho – não deixe que as coisas voltem a ser como antes. Aproveite a oportunidade e traga seus filhos para perto de vocês, como estão aqui, agora. Se for preciso, traga os amigos deles para perto também, mas não os deixe se afastarem tanto novamente.

Dona Carmem, parou de dobrar as roupas por uns instantes. Sentou-se na borda da cama e olhando pela janela viu o extenso jardim à sua frente. O farfalhar das árvores pareceu uma doce melodia de despedida. Seu pensamento voltou ao passado. Viu-se jovem, cheia de vida, de sonhos. Por alguns segundos repassou toda a sua vida. Lembrou da intensa atração que tivera por Luiz, tão logo se conheceram e sorriu sabendo hoje seu velho companheiro de lutas. O nascimento dos filhos, a

ansiedade em vê-los crescidos, corretos em suas condutas e sentiu-se feliz. Havia conseguido, com a ajuda de Deus, encaminhá-los na vida. Olhou para Maria Clara e disse:
— Muitas vezes, minha filha, precisamos elaborar "planos" para atrair os jovens para junto de nós. Caras feias, má vontade, e não queros, levam nossos filhos para longe. Participe você também dos interesses deles e vai ver como tudo se ajustará. Veja seu tio – disse ela referindo-se ao irmão – provocou, o medo, o mistério e a curiosidade nas crianças, fazendo com que o baú se abrisse repentinamente. Isso despertou o interesse deles. Deu certo, não deu? Então, desperte interesse em seus filhos no que você julga ser necessário para a formação deles. É simples! Quando estamos interessados em algo, nada se torna monótono ou cansativo. Mesmo no relacionamento com Paulo, – disse ela – desperte novamente o desejo de namorar, passear somente os dois, se curtir, como dizem as crianças! Isso tudo dá prazer, renova o casamento! Ah, minha filha, vocês têm muito chão pela frente ainda! Não é hora de entregar os pontos e desistir.

Afagou a vasta cabeleira da filha com carinho.

— É hora de recomeçar. Muita coisa será diferente para vocês, de agora em diante. As experiências que as crianças tiveram, não só no que diz respeito a seu tio, mas principalmente pelo que puderam ver, ouvir e conhecer aqui, principalmente de você e de Paulo, marcarão suas vidas para sempre de maneira saudável. Só não podemos deixar tudo isso se perder. Este foi o primeiro empurrão, agora é preciso não deixar o carro parar, troque a bateria dele sempre que for necessário, combinado? – concluiu rindo.

AH! O AMOR

Após o jantar rumaram todos para a fazenda de doutor Homero e dona Lurdes.

Uma enorme casa toda iluminada surgiu à frente deles. Frondosas árvores formavam um corredor florido até a escadaria que conduzia à entrada.

Uma extensa varanda circundava a casa. Nela estavam sentados, em confortáveis cadeiras de vime, dona Lurdes, seu Homero e um jovem de mais ou menos uns vinte e quatro anos.

Assim que perceberam a chegada dos visitantes, levantaram-se e vieram ao encontro dos amigos.

O casal, já de idade bastante avançada, abriu-se em sorrisos ao abraçar dona Carmem e doutor Luiz.

O jovem, um rapaz de estatura bastante elevada e corpo atlético, cumprimentou a todos com simpatia e delicadeza.

Lívia, visivelmente impressionada com a beleza do jovem, corou quando ele beijou seu rosto, no rápido cumprimento.

Após as primeiras apresentações, o casal convidou a todos para um café na copa. Inácia, a empregada de dona Lurdes, havia preparado um lauto lanche que tomava quase que todos os espaços da mesa.

— Quanta iguaria! – disse doutor Luiz impressionado com os dotes culinários de Inácia.

— Faço questão de cuidar bem das visitas, – disse ela satisfeita com o elogio – principalmente quando são gente de bem como vocês. Passei o dia todo na cozinha. Espero que dona Carmem goste da minha receita de pão-de-alho. Acabei de tirar do forno.

— Ah! Com toda a certeza, Inácia, vou adorar! Só o cheirinho já dá água na boca. – disse rindo.

— Vamos, acomodem-se! Não vamos deixar o lanche esfriar! – disse dona Lurdes, indicando as cadeiras.

O lanche foi saboreado em meio a conversas e risos.

Lívia não conseguia tirar os olhos de Marcelo e o mesmo acontecia com ele. Vez por outra seus olhares se cruzavam e um tímido sorriso surgia em seus lábios.

Bisbilhotando num canto da sala, tio Henrique percebia, com satisfação, a troca furtiva de olhares.

Após o lanche todos voltaram para a varanda. A noite estava estrelada.

Marcelo procurou sentar-se próximo a Lívia e, aos poucos, a timidez inicial deu lugar a um papo muito gostoso entre os dois.

Falou de seu trabalho na fazenda dos avós, do quanto gostava de animais e daquela vida menos agitada. Falaram sobre música, filmes e sobre a importância de se construir um futuro sólido, baseado no trabalho e nas boas intenções. Marcelo confessou seu imenso amor e respeito pelos avós, que o haviam criado e da enorme falta que sentia dos pais falecidos em acidente. Chegou até mesmo a aconselhar Lívia a curtir mais a presença dos pais enquanto os tinha por perto.

— Sabe Lívia, adoro meus avós, mas a saudade que

sinto de meu pai e de minha mãe, jamais me abandona – falou, pesaroso. – Gostaria de ter curtido mais os dois! Lembro-me de quando tinha uns doze anos, mais ou menos, e comecei a me interessar por meninas, sabe como é. – disse ele rindo. – Mamãe ficou apavorada! Sempre cheia de cuidados, queria me prender à barra de sua saia a todo custo.

— Então sua mãe era repressora... como a minha? – perguntou ela espantada com o carinho que ele sentia por uma mãe assim.

— Não, não digo repressora. Ela era como todas as mães que amam seus filhos, só isso! Desmanchava-se em cuidados como qualquer mãe e, é claro, um jovenzinho inexperiente como eu era, começando a se interessar por meninas mais velhas tão precocemente, era motivo justo para que ela se preocupasse, não acha?

— É, talvez tenha razão... – conjecturou ela.

— Claro! Também nós, digo, eu, você, todos os jovens revoltados com os pais, de hoje, quando tivermos nossos filhos vamos agir da mesma maneira, pode ter certeza!

— Pensando desta maneira, acho que tem razão! – disse ela pensativa.

— Você gostaria de ver sua filha andando para cima e para baixo com algum "playboy" irresponsável? Pois é, seremos tão repressores quanto nossos pais, pode crer! É o ciclo normal da vida, Lívia. Hoje, filhos revoltados e incompreendidos, amanhã pais conscientes e amorosos, pelo menos é assim que deveria ser, não acha?

Depois, fazendo uma pausa disse com o olhar perdido nas lembranças de seu passado:

— Pena que muitas vezes a gente entenda o amor dos pais tarde demais... Muitas vezes me pego a lembrar das inúmeras vezes em que fiz minha mãe chorar pelas minhas teimosias e intransigências. Se tivesse a compreensão da vida que tenho hoje depois do acidente, talvez tivesse dado mais atenção ao que ela tentava me dizer... – disse tristemente.

Lívia, que nunca fora dada a papos "alto astral" como aquele que estava tendo com Marcelo, sentia-se nas nuvens. Marcelo era o oposto de tudo o que conhecia sobre rapazes. *Era sólido feito uma rocha. Suas palavras tinham um sentido verdadeiro, eram sinceras. Marcelo não tinha medo de expor seus pensamentos e falar de suas fraquezas. Tinha conteúdo e que conteúdo! – pensava ela.*

Em dado momento, Lívia, perguntou a Marcelo, sobre o que costumava fazer nos finais de semana e adiantou-se em dizer que passava os dias em companhia da família, o que não era bem uma verdade.

Lelinho, que não tirava os olhos da irmã, fez menção de rir, mas conteve-se ante o olhar de repreensão da mesma.

— Bem, se não for inconveniente, – disse Marcelo cauteloso – talvez quando for à Capital, poderei passar em sua casa para conversarmos um pouco mais, o que acha, Lívia? – perguntou ele, interessado na resposta.

Com o coração aos pulos e as mãos geladas, Lívia sorriu satisfeita com a visível intenção do jovem.

— Claro! – disse ela entusiasmada. – Estamos quase sempre em casa. Você poderá ligar e... ficarei esperando com certeza. – disse com alegria.

— Bem, então, tão logo possa, irei visitá-los – respondeu ele satisfeito com a resposta da jovem que desde o início chamara sua atenção.

Finda a noite e a visita, todos se despediram e rumaram de volta à fazenda de tio Henrique.

Na viagem de volta, Lívia permaneceu calada com o

220   LIA MÁRCIA MACHADO

olhar lânguido perdido no horizonte dos pensamentos, todos voltados à figura perturbadora de Marcelo. Sentia pequenos calafrios percorrendo-lhe o corpo enquanto imaginava o jovem realmente chegando em sua casa.

Naquela noite, antes de se recolher, procurou a mãe e contou radiante o quanto ficara impressionada com Marcelo. Maria Clara, quase não acreditou no que estava acontecendo: Lívia a procurara para dividir sua emoção! Feliz com a iniciativa de aproximação sincera da filha, sentou-se ao lado dela e ficaram conversando sobre esse maravilhoso sentimento que brotara no coração da filha. Lívia falava e ouvia as palavras da mãe, como nunca antes houvera acontecido entre as duas. Um verdadeiro milagre acontecera, o milagre do amor. Lívia custou a adormecer após a saída da mãe.

Ficou observando a figura esguia da mãe desejando boa noite da porta e sentiu-se bem em tê-la por perto. Lembrou-se das palavras de Marcelo e agradeceu a Deus por ter os pais ao seu lado.

Sentia-se leve, feliz e ao mesmo tempo ansiosa e perturbada com a lembrança do jovem. Nunca sentira por ninguém uma atração tão grande. Já não conseguia mais conceber a idéia do "ficar" em sua vida. Sentia que seu coração não aceitava mais "hoje um", "outro amanhã." Isso tudo pareceu ter ficado num passado, embora não tão distante... Encontrara naquele lugar, afastado de tudo o que estava acostumada, uma razão para cessar sua busca frenética por um "não sei o quê". Encontrara, em Vitória, uma sincera amizade que havia lhe despertado novos sentimentos, os quais, escondidos em seu âmago, haviam desabrochado. Acabara por descobrir, na avó, um poço de sabedoria e bondade e, finalmente... descobrira o prazer de viver em família. Uma família com erros e acertos, mas uma família que a amava acima de tudo.

Remexendo-se entre as cobertas, parecia ouvir a voz meiga e pausada de Marcelo ainda ecoando em seus ouvidos.

— Estou apaixonada! – concluiu – Irremediavelmente apaixonada!

— *Sim, minha querida, sim... é o amor que finalmente chega ao seu coração.* – murmurou tio Henrique – *É o seu "par de botas" que se aproxima a passos largos! Juntos haverão de, no futuro, unirem suas vidas sob a bênção do Pai. Agora durma, minha filha, durma e tenha bons sonhos...* – dizendo isso, colocou a mão sobre a cabeça de Lívia que, após receber a energia benéfica do tio, adormeceu tranqüila.

O RETORNO COM ACRÉSCIMO NA BAGAGEM ESPIRITUAL

Na manhã seguinte, logo cedo, após longas despedidas e promessas de breve retorno, todos rumaram novamente para a Capital.

Paulo e Maria Clara, de mãos dadas, encaminharam-se para a caminhonete. Antes de entrar, pararam, deram uma última olhada ao redor, absorvendo toda aquela paz. Beijaram-se e partiram na frente.

Parado na porta de entrada da casa grande, um vulto solitário, mas feliz, acenava satisfeito para a pequena caravana, que agora se distanciava na estrada.

Dona Carmem, acenou em retribuição.

— Obrigada, meu irmão – disse mentalmente. – Acho que conseguimos mais do que o imaginado a princípio. Obrigada, meu querido! Sem sua ajuda eu não teria conseguido!

— *Não há de quê, Carmem! A semente já havia sido lançada por Paulo e Maria Clara, o que fizemos foi apenas regar esse vasinhos, minha cara! Bem, adeus minha irmã! Preciso voltar agora para minhas obrigações. Felipe está a minha espera. Dê um longo beijo em Judite por nós. Diga a ela que nós a amamos muito, muito mesmo!*

Um pequeno clarão se fez ao redor dele e quando a luz se desfez, o vulto de Henrique havia desaparecido.

— Adeus, querido, adeus! – balbuciou dona Carmem emocionada.

Seus olhos marejados pelas lágrimas da saudade tornavam-se ainda mais belos. Ela e Henrique haviam construído, em vida, uma relação verdadeiramente fraterna. Unidos nas alegrias e nas dores, haviam sobrepujado as vicissitudes da vida terrena com louvor. Laços eternos de amor os uniam há séculos. Um último aceno e um suspiro profundo encerrava essa jornada.

Lelo e Dezinho, sentados ao lado de Lívia, olhavam pela janela a paisagem magnífica que ia ficando para trás. A saudade já começava a despontar no coração dos jovens.

— Gostei de nossas férias, vovó! Gostei mesmo! Vocês são geniais! – disse Dezinho aos avós. – Foi diferente de tudo o que eu havia imaginado. Tinha até um tio fantasmagórico andando solto pela casa! – completou rindo. – Não vão acreditar quando eu contar!

— Vou sentir falta do Olarinho. – disse Lelo. Combinei com ele de voltar, assim que puder – completou. – Para falar a verdade, acho que nunca conheci ninguém como ele, vovó! É um cara engraçado... Só fala a verdade, mesmo que doa... ele é um barato mesmo! Não se importa com o que os outros vão pensar dele. Fala o que acha que é certo e pronto! Mas... sabe também admitir quando tá errado.

— É, – disse a avó – o Olarinho é um menino muito bom e, como você mesmo disse, sincero! É uma boa amizade para se cultivar, não acha, querido?

— É, acho que vou escrever de vez em quando para ele. O que você acha? – perguntou.

— Faça isso, querido. – respondeu ela.

— Eu também vou! – agitou-se Dezinho. – Ele é meu amigo também, não é? – perguntou.

— Só se ele for amigo de anta! – retrucou Lelinho para irritar o pequeno.

— Vovó! Faça alguma coisa! Viu só do que ele tá me chamando? – disse choramingando. – Eu não sou anta não, seu burro!

— Eu estava brincando, seu pirralho. Você não é anta não! – disse piscando para a avó – Você é apenas uma pequena anta! – repetiu desviando-se ligeiro do já esperado empurrão do irmão.

— Meninos! – repreendeu rindo o avô. – Olhem o comportamento!

— Não ligue, vovô, eles no fundo se amam... – disse Lívia quase sem pensar na profundidade do que acabara de dizer.

A caravana seguiu alegre em meio à poeira.

Na bagagem pessoal, cada qual levava agora mais uma peça importante para a vestimenta do espírito:

A imensa alegria de finalmente "redescobrirem-se" cúmplices na evolução de suas almas...